MW01706852

Moi, papa !

Une année de 9 mois

Sources des photos :

© Nataliya Hora | Dreamstime.com	Couverture et page 3
© Maduell | Dreamstime.com	page 9
© Otnaydur | Dreamstime.com	page 13
© Andrzej Podsiad | Dreamstime.com	page 21
© Ekaterina Gorelova | Dreamstime.com	pages 22 et 23
© Igor Dutina | Dreamstime.com	page 25
© Tihis | Dreamstime.com	page 27
© Lota11 | Dreamstime.com	pages 30 et 33
© Kuleczka | Dreamstime.com	page 37
© Volodymyr Vechirnii | Dreamstime.com	pages 38 et 39
© Vít Mádr | Dreamstime.com	page 45
© Nyul | Dreamstime.com	page 49
© Giovanni Gagliardi | Dreamstime.com	page 68
© Lim Seng Kui | Dreamstime.com	page 53
© Vecstock Fee | Dreamstime.com	page 54
© Noahgolan | Dreamstime.com	page 55
© Alex Bramwell | Dreamstime.com	page 57
© Aprescindere | Dreamstime.com	pages 62 et 63
© Alena0309 | Dreamstime.com	page 67
© Pavel Losevsky | Dreamstime.com	pages 76 et 79
© Highdog | Dreamstime.com	page 83
© Flaviu Boerescu | Dreamstime.com	page 85
© Matt Egginton | Dreamstime.com	page 91
© Alex Bramwell | Dreamstime.com	page 97
© Denis Raev | Dreamstime.com	page 103
© Falcorpic | Dreamstime.com	pages 104 et 107
© Micha360 | Dreamstime.com	page 105
© Narcisopa | Dreamstime.com	page 119
© Charltvn | Dreamstime.com	pages 120 et 125
© Karammiri | Dreamstime.com	page 121
© Orlando Florin Rosu | Dreamstime.com	page 123
© Maksim Loskutnikov | Dreamstime.com	page 129
© Kitchner Bain | Dreamstime.com	page 141
© Lepas | Dreamstime.com	page 143
© Pichayasri | Dreamstime.com	pages 144, 148 et 149
© Milan Markovic | Dreamstime.com	page 150
© Lomachevsky | Dreamstime.com	pages 157 à 159
© Lasse Kristensen | Dreamstime.com	pages 162 et 163
© Jim Mills | Dreamstime.com	page 167
© Christopher Howey | Dreamstime.com	page 171
© Monkey Business Images | Dreamstime.com	page 175
© Ruth Black | Dreamstime.com	page 181
© Fernando Cortés | Dreamstime.com	page 185
© Guénaël Revel	pages 190, 191 et 4e de couverture

LES PUBLICATIONS MODUS VIVENDI INC.
55, rue Jean-Talon Ouest, 2e étage
Montréal (Québec) H2R 2W8
CANADA

www.groupemodus.com

Éditeur : Marc Alain
Éditrice adjointe : Isabelle Jodoin
Designer graphique : Émilie Houle
Relectrice : Mireille Lévesque

ISBN 978-2-89523-658-0

Dépôt légal - Bibliothèque et Archives nationales du Québec, 2010
Dépôt légal - Bibliothèque et Archives Canada, 2010

Nous reconnaissons l'aide financière du gouvernement du Canada par l'entremise du Fonds du livre du Canada pour nos activités d'édition.

Gouvernement du Québec - Programme de crédit d'impôt pour l'édition de livres - Gestion SODEC

Imprimé au Canada

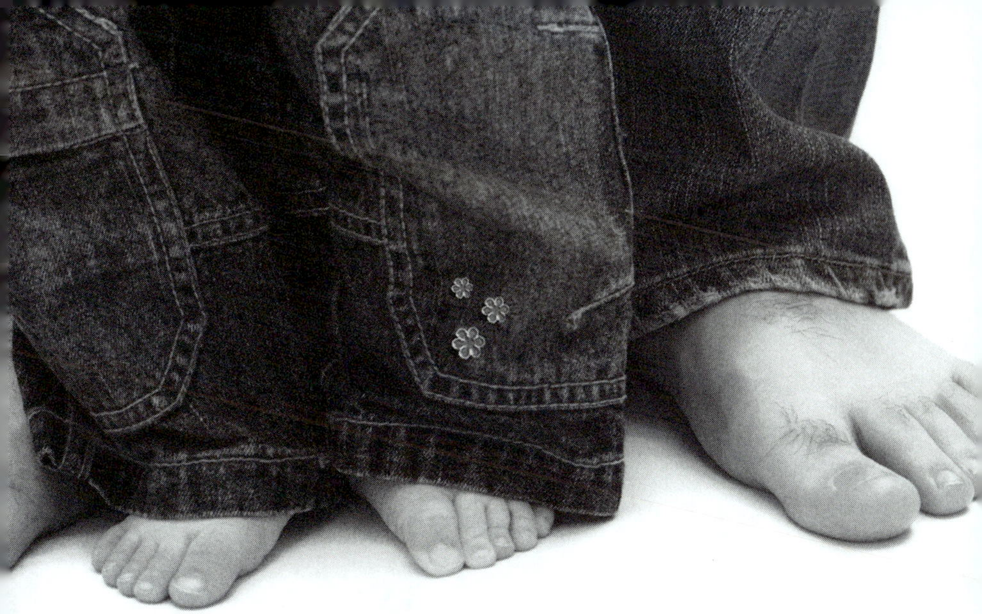

Guénaël Revel

Moi, papa !

Une année de 9 mois

Le journal de grossesse
d'un futur papa

MODUS VIVENDI

À tous les pères...

Ceux qui m'ont précédé

et ceux qui vont l'être.

AVANT-PROPOS

« Chaque jour donc que s'écoulait sa grossesse, j'ai écrit sur la mienne. »

Ce livre est né par hasard, dans des circonstances amusantes : travaillant sur le montage d'un autre livre avec mon éditeur, celui-ci m'annonce qu'il va lancer de nouvelles collections axées sur des romans ou des essais aux sujets marginaux. Je lui réponds à la légère que j'ai des manuscrits en archive dont un qui est un journal que j'ai écrit il y a plus de dix ans au sujet de la grossesse que j'ai vécue !

« Ta *grossesse* ? »

« Oui. Celle de ma femme que j'ai dû vivre pendant neuf mois comme tous les futurs pères. C'était il y a 11 ans. On attendait notre première fille. Depuis, j'en ai eu deux autres et j'ai constaté que, malgré l'expérience, rien n'a changé dans le vécu des grossesses. Celles des femmes comme celles des hommes ! »

Interpellé, curieux, il me répondit de lui envoyer le manuscrit. Trois jours plus tard, il me téléphonait : « Tu as une semaine pour revoir deux trois trucs, dynamiser le style, le rendre plus actuel; le sujet est novateur, amusant et moderne, c'est ce qu'on recherche. On publie dans 6 mois ! »

J'écris beaucoup. Sur tout, sur rien. Sérieusement ou négligemment. Pour moi-même, pas pour des lecteurs. L'écriture est un exutoire, une sorte d'antidote passager à nos soucis ou à nos désirs non comblés.

Ça rassure d'écrire, ça apaise.

Lorsque ma femme m'a annoncé qu'elle était enceinte, j'ai écrit un journal de grossesse. Ma grossesse. Pour mieux la vivre.

Dans les jours qui ont suivi la grande nouvelle, lorsqu'on a fait savoir qu'elle était enceinte, j'ai constaté qu'il n'y avait qu'elle. Il n'y avait qu'elle pour l'entourage, il n'y avait qu'elle dans les livres sur le sujet, il n'y avait qu'elle pour la société.

Je n'étais pas frustré, puisque c'est normal. On est ignoré, nous, les hommes, lorsqu'on vit les mois de grossesse de notre conjointe. On l'a toujours assumé. C'est ainsi, c'est normal.

Mais est-ce bien normal ? Est-ce normal qu'on se fiche de nos émotions, de nos angoisses, de nos joies masculines, bref, de ce qu'on vit pendant ces mois ? Ces neuf mois qui provoquent et précèdent un bouleversement dans la vie de la femme… et aussi de l'homme.

Chaque jour donc que s'écoulait sa grossesse, j'ai écrit sur la mienne.

Légèrement, simplement, spontanément.

Guénaël Revel
Octobre 2010

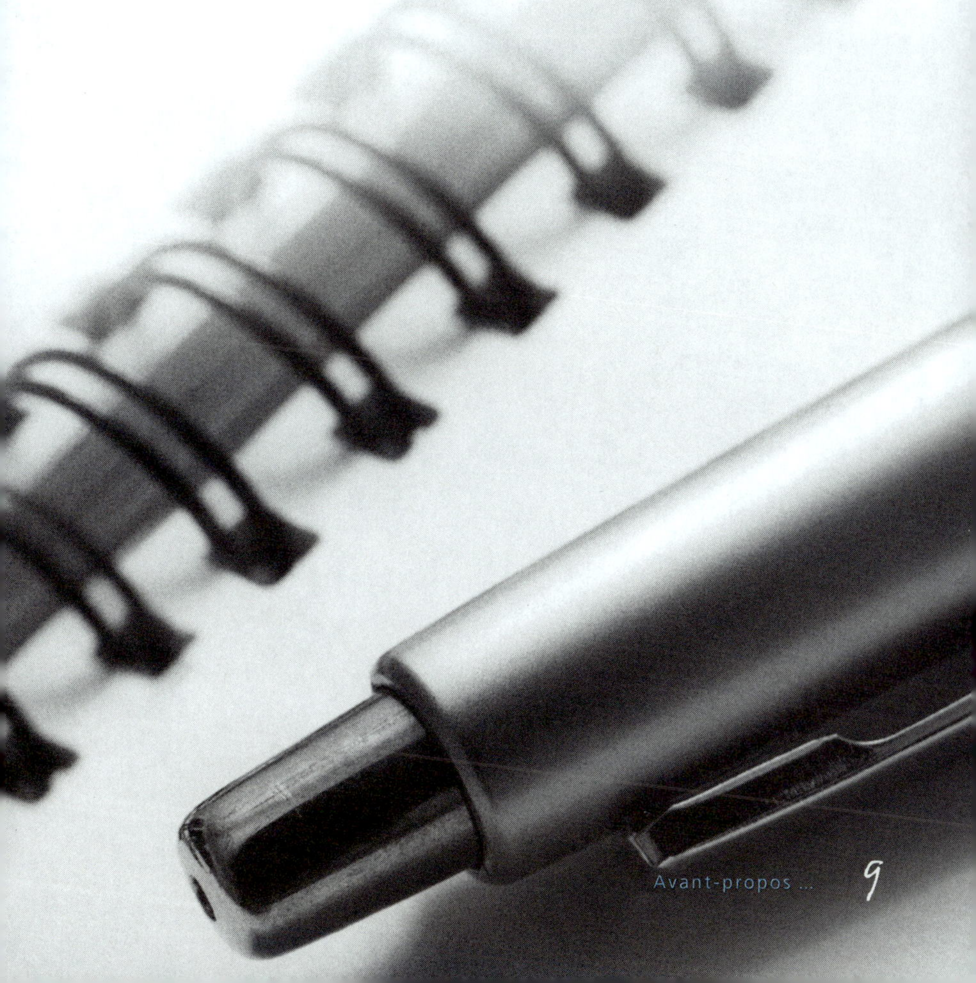

1er mois

SEMAINE 1

« Ma femme est enceinte ! »

1

« Non ? Tu plaisantes ? C'est vrai ? T'es sûre ? »

Voilà à peu près la réaction que j'ai eue lorsque ma femme est sortie de la salle de bains, le visage à la fois épanoui et anxieux, pour annoncer que son test était positif ! Le fameux test qui indique qu'une femme est enceinte !

« Ma femme est enceinte ! »

Que votre femme ait prévenu ou non qu'elle ferait un test de grossesse, le comportement d'un homme sera toujours ambivalent. La venue du premier enfant – parce que je parle ici du premier enfant – est toujours étrange, car elle nous jette face à l'inconnu.

Dans ces moments-là, on ne sait pas très bien quoi faire, nous, les hommes ! On a beau fanfaronner, persifler entre copains, c'est une situation tellement soudaine, paraissant irréelle et pourtant si naturelle qu'elle nous rend finalement stupides. Nos yeux regardent le ventre de celle qu'on aime comme si on le voyait pour la première fois, comme s'il portait un alien ! Et c'est bien cela, justement ! Ce ventre qu'on a frotté, caressé, embrassé, ce ventre qu'on pense connaître devient d'un seul coup – sans jeu de mots – un mystère, un nid habité qu'on n'ose plus toucher.

Il cache désormais quelque chose qu'on ne connaît pas et qui nous fait peur parce qu'il représente l'inconnu.

Généralement, au moment où elle nous annonce la nouvelle, on a déjà serré maladroitement et fiévreusement notre conjointe dans nos bras pour aussitôt la lâcher, de peur peut-être de bousculer ce qu'elle porte, même si cela a la taille d'un ongle ! Puis, on saute, on tourne, on fait les cent pas sur trois mètres carré, tout en continuant à la regarder, comme si elle sortait d'un monde imaginaire. Parce que, en fait, c'est ça l'annonce de la grossesse d'une femme à son homme; c'est l'invitation à un monde imaginaire...

Et juste après cet instant euphorique, il y a tout de suite l'angoisse, le doute :

– T'es sûre, hein ?! Tu t'es pas trompée ? T'es bien sûre que le test a marché ? Fais-moi voir ça que je vérifie !

Comme si l'homme, le *mâle*, était l'expert en la matière...

Malgré le symbole sur le test qui confirme la grossesse, le doute subsiste et même la « peut-être » future maman écoute son homme qui lui demande de refaire un test.

Avril
Jeudi Vendredi Samedi
1 02 03
08 09 10
15 16 17
22 23 24
29 30

– C'est bien sûr donc, le second test confirme le premier ? Bon ben, appelle ton médecin pour une dernière confirmation. On ne va tout de même pas aller le crier sur tous les toits si ce n'est pas vrai !

À ce moment-là, pour l'homme, il faudrait que tout aille très vite, que le médecin nous reçoive tout de suite. Mais le médecin, il ne nous recevra que la semaine suivante parce qu'il a déjà plein de rendez-vous. Elle, elle retrouve plus vite ses esprits en nous rappelant que le test ne peut pas se tromper, qu'il est fiable à 99 % et que, pour preuve, celui qu'elle a fait 15 jours plus tôt sans vous prévenir, était bel et bien négatif. Et si on fait partie du 1 % restant, on entre dans le *Guinness des records* !

– Je vais aller voir le pharmacien, calme-toi... répond-elle alors, plus sereine.

Et pendant qu'elle est partie à la pharmacie, il y a deux types de futur papa resté seul. Celui qui s'écrase dans le fauteuil, encore sous le choc, soucieux et méditatif; celui qui court en sautant dans toutes les pièces de la maison, en criant qu'il va être père.

J'ai eu le temps de faire les deux parce que ma femme s'est attardée à la pharmacie !

Évidemment, si vous l'avez accompagnée, ces deux scènes sont remplacées par un trépignement derrière le comptoir, les yeux rivés sur le pharmacien.

– Bon ben, tu vois, le pharmacien l'a bien confirmé, il ne peut pas y avoir de doute.

OK. Viens, on va appeler les parents.

Appelle les tiens d'abord,

j'appellerai les miens ensuite.

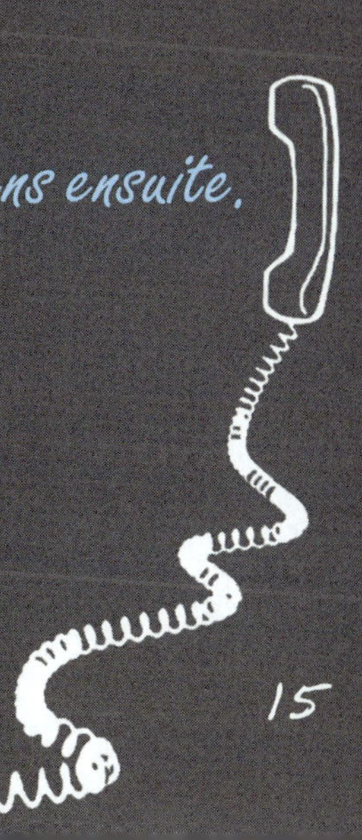

Marie, Léon

Joseph, Sidonie, Aymé...

SEMAINE 2 ET 3

« Au fait, comment on va l'appeler ? »

On est allés rencontrer la gynécologue. Elle nous a bien confirmé une grossesse de huit semaines !

– Huit semaines ! Ça fait deux mois ça, hein ?

Perspicace, le futur papa.

– Bon, tu vois, les fatigues que j'ai dans la journée, c'est normal, dit-elle pour le rassurer. Quant aux nausées, je n'en ai pas et c'est tant mieux.

– Très bien. Alors, on ne boit plus, on ne fume plus et on ne sort plus, OK ?!

Ça, ce sont les excès de l'homme plus inquiet que prévenant.

– Écoute, mon chéri. On va se calmer et puis, je te rappelle que je n'ai pas l'habitude d'ingurgiter mon whisky quotidien, ni même un verre de vin, que je ne fume pas et que ce n'est pas parce qu'on va rentrer un samedi soir à deux heures du mat' que ma grossesse sera alarmante ! Tiens, lis ça, tu vas tout comprendre.

« L'arrivée de l'enfant » par le professeur « Chose »…

– Ouais, bon, c'est toi qui sais. Je ne dirai plus rien.

On a bien le droit d'être inquiet tout de même.

Joseph, Sidonie, Aymé...

Léon ?

– Au fait, comment on va l'appeler ? Il était question d'un Léon ou d'une Marie, mais maintenant qu'on y est vraiment...

– Justement, maintenant qu'on y est vraiment, pourquoi changer ? Depuis qu'on se connaît, on a passé tous les prénoms en revue, au cas où le grand jour arriverait et maintenant qu'il est arrivé et qu'on est d'accord pour Léon ou Marie, on va encore y réfléchir... C'est sûr !

– Édouard, c'est pas mal non plus, qu'est-ce que t'en penses ? Gabriel, j'aime bien aussi...

Ça va pas, non ? Pourquoi pas Sidonie ou Aymé tant que tu y es ?!

– Joseph, c'est bien aussi...

– Bon écoute, je sais bien que ton grand-père s'appelle comme ça, mais ce n'est pas une raison pour perpétuer une tradition, inexistante dans ta famille ! On a encore sept mois pour y réfléchir, alors on va pas se disputer pour ça.

Eh oui, c'est déjà cela, la troisième semaine. Que dis-je, la huitième semaine !

Mari

***

– Tu pourrais quand même te remuer. Tu vas pas dormir 15 heures par jour sous prétexte que t'es enceinte ! C'est un peu facile, je trouve…

Goujaterie masculine. Même si la future maman en profite un peu…

– Et puis, arrête de te plaindre toujours parce que t'as mal là ou là; toutes les femmes passent par là !

Manque de respect masculin. Mais quand on s'emporte, on dit des bêtises...

Au niveau des formes, il n'y a qu'elle qui, au début, voit quelque chose.

Elle ne va tout de même pas me faire croire que pour une demi-crevette qu'elle a dans le ventre, elle ne peut plus fermer son jeans ! Encore une excuse pour faire les boutiques ! Elle ferait mieux de surveiller l'envie de frites qu'elle a depuis 20 jours parce que c'est ça qui la fait grossir; et en plus, sous prétexte qu'une femme enceinte a des envies soudaines et frénétiques qu'il faut combler ! Comme par hasard, des frites ! Et si, moi, j'ai envie de manger autre chose, elle me fait la gueule ! Ça promet !

Ce serait bien qu'il y en ait deux dans son ventre, tiens ! Cela éviterait neuf autres mois d'engueulades.

Même ma mère me demande d'être compréhensif, prévenant et doux. Comme si j'étais méchant ! Curieusement, ma belle-mère n'est pas trop sur mon dos !

Par contre, mon beau-père irait décrocher la lune parce qu'il va être grand-père !

Dans tous les cas, que je dise noir ou blanc, je me fais engueuler par ma femme. Même le chat, qui vient chercher une caresse, se fait renvoyer; c'est dire ! Et si c'est moi qui le repousse, je suis un tyran tortionnaire d'animal qui ne tolère rien !

Le plus insupportable avec une femme enceinte, c'est la température.

Pas la sienne, celle du temps qu'il fait.

Quoique vous disiez et quel que soit le temps, elle aura trop chaud ou trop froid.

Et ce sera de votre faute !

Bien sûr, le temps, c'est l'homme qui le fait !

Le soir, en se couchant, elle a tellement froid qu'il faut ajouter une couverture; même s'il fait déjà 25 degrés dans la chambre et qu'elle porte un pyjama double épaisseur ! Et si, par malheur, vous glissez la couette sur le côté pour laisser passer une jambe ou respirer un peu, c'est comme si le Gulf Stream glissait sous les draps pour la frigorifier !

Évidemment, le lendemain au réveil, elle a mal au crâne parce qu'elle a eu trop chaud, mais un conseil... ne dites rien !

Z
zZ

Dor

2e mois

« Je n'ai que le goût de dormir. »

Leitmotiv de la femme enceinte durant le premier trimestre de grossesse.

3e mois

SEMAINE 9

« Une autre chose qui apparaît au cours de ces semaines la susceptibilité à fleur de peau ! »

Une autre chose qui apparaît au cours de ces semaines, la susceptibilité à fleur de peau !

Tout n'est pas uniquement de ma faute;

non, le temps, les gens, les proches, la télé, le garde-robe, la voiture, le chat, l'eau du bain, le goût du dentifrice, la forme des casseroles, la nourriture, l'ordinateur, le téléphone, tout y passe ! Tout ce qui compose votre vie peut être sujet à une crise de larmes soudaine. La moindre peccadille est un drame ! Et plus le problème est mineur, plus l'emportement est considérable !

La tasse de chocolat qu'elle renverse par inadvertance, mais qui ne l'a pas brûlée, entraîne des sanglots pendant 5 minutes !

Les ciseaux, qui ne coupent plus, sont l'occasion d'entendre un répertoire d'injures qu'on ne lui soupçonnait pas ! Il y a trois autres paires de ciseaux dans le tiroir, parfaitement fonctionnelles, mais bon.

Du jour au lendemain, les draps ont une odeur bizarre et surtout désagréable; même si vous les avez changés la veille! Quoiqu'il en soit, on refait le lit !

Et ne vous avisez pas de lui demander la raison de la métamorphose de son nez en truffe de chien, car elle vous répondra justement que le sens olfactif d'une femme enceinte est accru ! Si, si, elle l'a lu dans un des multiples magazines « Spécial grossesse » qui traînent dans le salon.

Pour les vêtements, c'est le même cirque ! Que ce soit un pantalon ou un chemisier, ils peuvent tous les deux avoir une drôle d'odeur, mais surtout, ils deviennent trop petits !

En particulier, tout ce qui serre la taille. C'est logique. Ce qui est moins logique, c'est qu'elle n'a pris que 3 kg depuis deux mois et que son ventre ne montre pas encore vraiment une rotondité quelconque! Mais bon, il ne faut surtout pas commenter. Il faut lui dire qu'on va aller magasiner et que tout ira mieux, là !

52
53
58
59
60
61
62
111

SEMAINE 10

« Quelle expérience croustillante que ces soirées de groupe ! »

« C'est la montée d'hormones ! »

Voilà ce qu'on vous explique lors des premiers cours prénatals quand la moutarde est sur le point de vous monter au nez !

Les cours prénatals !

Eh oui, on ne dit pas prénataux. C'est la langue française, ça.

Quelle expérience croustillante que ces soirées de groupe où l'on se regarde d'abord en chiens de faïence, couple par couple ! Vous découvrez alors que le futur papa d'à côté endure les mêmes humeurs. Par ailleurs, certains futurs papas sont moins patients que vous et, surtout, plus grossiers, au point de venir étaler leur vie privée et leur ras-le-bol en public...

Certains éprouvent aussi le besoin d'être phallocrates, à moins que ce ne soit naturel, et manquent de respect envers leur conjointe. J'ai presque failli répondre à l'un d'eux que s'il avait à supporter la susceptibilité de sa femme durant neuf mois, elle va avoir, elle, à subir sa connerie toute la vie ! Après tout, personne ne l'a forcé à devenir père !

SEMAINE 11

« Depuis deux mois, je n'ai plus envie ! »

11

J'avais entendu dire que, durant une grossesse, les femmes avaient un comportement sexuel différent; c'est-à-dire que leurs envies augmentaient... C'est vrai.

Je ne savais pas que c'était inversement proportionnel aux désirs de l'homme !

En effet, depuis deux mois, je n'ai plus envie !

Attention, non pas qu'on ne le fait plus. Mais j'ai moins d'entrain alors qu'elle, c'est le contraire !

Il est certain que c'est embêtant, car cela n'aide pas les rapports en dehors du lit, déjà difficiles. Et très souvent, dans pareil cas, chez nous les hommes, plus on met de la pression, moins ça va.

En fait, le temps d'une grossesse, c'est la remise en question du couple. Le même genre de remise en question qu'on a pu avoir dans les jours qui ont précédé le mariage, sauf que là, la marche arrière n'est pas possible.

Bref, le sexe à ce moment de la grossesse, en ce qui me concerne, c'est pas terrible ! Et d'après ce qu'on m'a conté sur les derniers mois de celle-ci, ça ne s'améliorera pas... On avisera à ce moment-là.

poids

***

Le ventre de ma femme grossit. Ça se voit. Légèrement, microscopiquement, mais ça se voit. Je pourrais, par contre, tout aussi bien parler du mien.

En effet, ma femme grossit moins vite que moi ! Et pourtant, elle bouffe !

C'est elle qui engloutit, c'est elle qui est supposée s'arrondir, et c'est moi qui prends du poids !

Dans six mois, elle va perdre au moins 9 kg d'un seul coup et, moi, je vais rester avec mon gros bide, tout penaud !

Toutes les envies qu'elle peut avoir sont des atteintes à ma ligne, jusque-là acceptable !

Après les frites, c'est le fromage ! Pas la petite envie de cheddar, non ! Ce serait trop simple ! Celle du bon camembert au lait cru à 65 % de matières grasses, du bleu d'Auvergne étendu sur le pain brun ou du crottin de Chavignol à 10 $ la bouchée !

Nos deux ventres s'arrondissent pendant que nos porte-monnaie s'aplatissent !

M'en fiche ! J'ai l'excuse de prendre un verre de vin en plus !

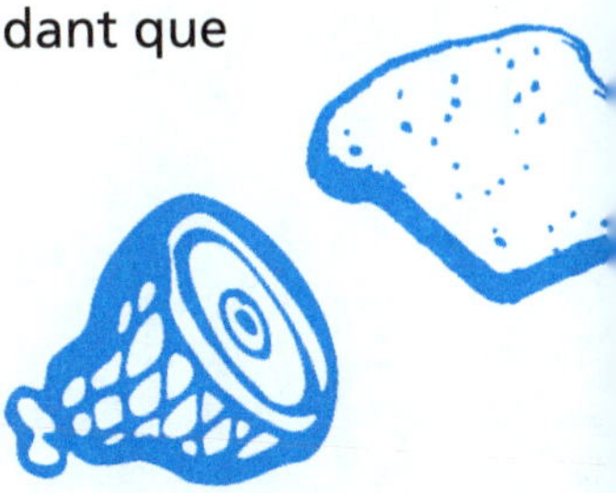

SEMAINE 12

« L'effet Dolly Parton ! »

12

Ça devait arriver : le problème des vêtements !

Là, c'est sûr, je ne peux pas lui répondre qu'elle en a plein le garde-robe; elle n'a rien en taille « éléphant » !

Elle doit déboutonner les boutons supérieurs de ses jupes et épingler le niveau de la ceinture pour éviter qu'elles tombent. J'avoue que c'est assez drôle lorsqu'elle fait face au miroir, s'observant, se trouvant laide et râlant qu'elle n'a plus rien à se mettre !

Pour une fois que c'est vrai...

Néanmoins, je la rassure en répondant qu'elle est dans cette période de la grossesse où la femme n'est pas encore assez ronde pour que tout le monde s'aperçoive du futur événement, mais qu'elle est déjà assez grosse pour constater, seule, la nouvelle situation.

C'est la transition ingrate, ma foi très courte, entre le profil gazelle et le profil baleine ! Je compatis et il est vrai que ce doit être difficile à gérer... Ça m'amuse quand même.

En ce qui concerne la partie supérieure du corps, c'est l'explosion hormonale ! L'effet Dolly Parton !

Je n'étais pas à plaindre, mais là, si on aime les obus, on est servi ! Le meilleur implant mammaire n'est pas le silicone, c'est un fœtus.

Ses bonnets de soutien-gorge ont déjà augmenté d'une taille !

On a la chance parfois de récupérer les anciens vêtements de grossesse, gardés par les copines, mais de toute façon, il faut qu'elle dépense... Et c'est là que l'on peut s'apercevoir qu'autant le prêt-à-porter pour les bébés est varié et craquant, autant celui pour la femme enceinte est pauvre et triste. Je dirais qu'il n'existe que par les prix élevés; et ce, malgré sa brève utilisation.

Avis aux créateurs, ayez un peu d'originalité !

En général, la femme enceinte a toujours une salopette qu'elle porte en rechignant (il est vrai que c'est d'une élégance rare), mais c'est sans doute le vêtement le mieux adapté aux circonstances et surtout, le plus confortable.

Il y a aussi le legging et la robe ample. Voilà les basiques de la garde-robe de la femme enceinte.

Quant aux pieds, elle s'est obstinée à porter des talons hauts depuis les premières semaines pour enfin admettre, aujourd'hui, que les chaussures de sport sont bien plus confortables. Moins élégantes, mais plus confortables. L'image en prend un coup, c'est sûr; surtout avec une robe !

En ce qui concerne
la partie supérieure du corps,
c'est l'explosion hormonale !

4e mois

SEMAINE 13

« Sera-t-il normal ? »

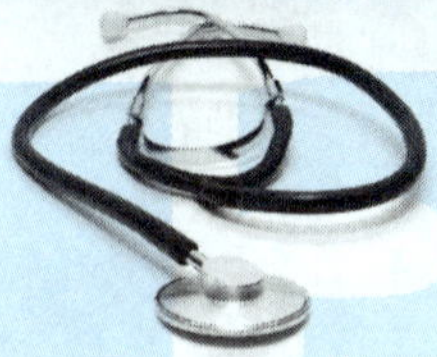

La grosse angoisse qui me tiraille depuis plusieurs jours, C'est l'état de l'enfant.

Sera-t-il normal ?

Au début, je n'osais pas trop en parler, mais à ce stade de la grossesse, ça me perturbe trop.

C'est vrai quoi, s'il est anormal, quel que soit le handicap, qu'est-ce qu'on fait ?

Ça me travaille tellement que je n'en dors pas depuis quelques nuits. Les rares fois où j'ai abordé le sujet avec un proche, il m'a rassuré en répétant qu'il n'y a pas de raison pour qu'on ait un enfant mal formé ou débile ! Comme s'il y avait une raison...

J'aimerais prévoir le pire; j'ai bien le droit, non ?

Je ne sais pas si c'est le début de ce deuxième trimestre qui m'angoisse comme ça, mais ça ne va pas fort en ce moment...

J'ai tout de suite annoncé à ma femme que si l'enfant était anormal, je ne me sentirai pas en mesure de le garder. Je sais que ma réaction est brutale, sotte et irréfléchie, mais je constate la difficulté d'élever un enfant handicapé chez des proches; et je serai incapable d'être aussi patient, aussi attentif qu'eux. Il ne s'agit plus là de paternité innée, mais d'un réel sacerdoce dont je me sais incapable.

On ne peut pas juger de la situation tant qu'on ne la vit pas, me répond ma femme.

Pour elle qui porte l'enfant, la réflexion sur le sujet est tout autre...

Bref, après avoir porté la panoplie du parfait salaud, après avoir fait de la peine à ma femme et envenimé les conversations avec ce sujet, on a décidé de clore le chapitre, de ne plus en parler et d'attendre le jour J pour y penser. De toute façon, il sera bien assez temps puisqu'on ne peut plus rien faire désormais.

***

On est allés magasiner des vêtements de grossesse. Pour changer !

C'est simple ! Ils sont aussi pratiques qu'ils sont laids. En plus d'être dispendieux !

Les jeans sont les mêmes que d'habitude, sinon qu'à la place d'une braguette et d'un bouton, il y a une énorme poche élastique pour accueillir le ventre proéminent. Le genre anti-séduction !

Quant aux jupes, elles n'ont de différences que l'élastique de la taille, réglable au fur et à mesure de la grossesse. Certaines proposent aussi la même poche kangourou, identique au jeans. Une belle manœuvre commerciale !

Il n'y avait pas de raison que, moi aussi, je ne me rhabille pas ! Après tout, on peut dire que je suis enceint !

La preuve : j'ai dû changer de taille de pantalon !!

***

Cette semaine fut également celle de l'écoute du cœur du bébé.

En fait, c'est seulement à ce moment-là que je me suis rendu compte qu'il y avait effectivement quelque chose de vivant dans le ventre de ma femme !

Ce fut tout de même touchant et impressionnant, malgré la furtivité de l'écoute.

Exceptionnellement, nous devons avoir une échographie la semaine prochaine afin de déterminer précisément le nombre de semaines et le nombre d'enfants ! C'est bizarre d'écrire « nous » alors qu'elle est seule à porter l'enfant.

Je prends peut-être conscience d'une future paternité...

SEMAINE 14

« J'ai eu une réelle sensation d'appartenance, de paternité, de responsabilité... »

C'est très émouvant la première échographie.

J'ai eu une réelle sensation d'appartenance, de paternité, de responsabilité...

L'écran nous montre une forme qui remue, abstraite pour un œil non avisé.

Le médecin nous montre l'abdomen, le cœur qui bat ou un mouvement quelconque, mais on ne devine globalement que la tête qui couronne une forme de gros haricot, le tout un peu flou.

Curieusement, je suis plus attentionné envers ma femme. Je me sens plus protecteur. C'est elle la louve, mais je guette le moindre danger autour d'elle. Je dois être dans la période paranoïaque de la grossesse masculine ! D'ailleurs, elle me le fait remarquer et me rappelle qu'elle n'est pas en sucre.

À table, j'ai décidé de me surveiller parce que je ne peux plus suivre son rythme.

Il y a un mois, elle mangeait autant que moi, ce qui est déjà pas mal, mais actuellement, j'ai l'impression d'être dans l'univers de Gargantua !

Si je suis son rythme alimentaire, je finirai la grossesse avec 15 kg de plus ! Je pense déjà que je la finirai avec au moins 5 kg supplémentaires...

Ouf!

Après la crise « frite », elle est passée à l'étape « œuf ».

Sous prétexte que l'infirmière des rencontres prénatales lui a dit qu'elle pouvait manger jusqu'à huit œufs par semaine, on ne mange plus que ça depuis dix jours ! Quand ce n'est pas une omelette, c'est des œufs brouillés et quand ce ne sont pas les œufs brouillés, ce sont les œufs durs – avec la mayonnaise forcément ! – ou des œufs au plat !

Je sais que, pour elle, ce n'est pas excessif, mais mon taux de cholestérol risque de grimper.

Bien du monde autour de moi répète que je peux manger autre chose et mieux contrôler mes repas, mais ce n'est pas si facile que ça parce que j'ai l'impression de ne plus vivre avec elle. En ne partageant plus les mêmes repas que ma femme, l'harmonie du couple à table est perturbée…

Et puis finalement, ce n'est pas si mauvais les œufs.

Côté sommeil, à partir de 21 h, c'est extinction des feux !!

Le record pour le moment, c'est 20 h 30 ! Bonjour les soirées !

Et comme je culpabilise, je n'ose pas sortir avec mes amis et la laisser seule. Paradoxalement, ma libido a augmenté.

Cependant, puisque la nuit est désormais réservée au marchand de sable, c'est le matin ou dans la journée qu'on laisse Cupidon nous visiter !

Bien être

SEMAINE 15

« Le deuxième trimestre est plus facile, plus gai. »

15

On nous avait prévenus que le premier trimestre était difficile pour le couple et que la moindre contrariété chez la femme prenait des proportions exagérées.

Le deuxième trimestre est plus facile, plus gai. Je l'attendais impatiemment ce second trimestre.

Eh bien, c'est vrai! C'est incroyable le changement d'ambiance dans notre couple depuis 15 jours. C'est réellement comme s'il y avait une frontière entre la 12e et la 13e semaine; on passe d'une période d'angoisse, de tensions, de disputes, d'impatience et d'ignorance à une phase

de soutien, de câlins, d'espoir, de partage et de bien-être.

Je ne dis pas que le premier trimestre d'une grossesse est pour l'homme un enfer à vivre, toutefois, comme c'est un univers qui lui est parfaitement inconnu, il se protège en se cloisonnant, en ruminant.

De son côté, la femme qui attend son premier enfant vit également des instants qu'elle ne connaissait pas jusqu'alors, mais il y a, je crois, cet instinct maternel inné qui lui permet d'être plus solide et plus forte que l'homme.

Dès qu'elle a la confirmation de son état désiré de grossesse, elle s'installe tout de suite dans cette nouvelle vie, alors que l'homme a besoin de plusieurs semaines d'adaptation. On patauge dans le brouillard pendant qu'elle, elle marche au soleil. Même si ce soleil brûle parfois et rend agressif...

Bébé

Aujourd'hui, on est en parfaite harmonie; j'ai même remarqué que je m'intéressais plus au ventre de ma femme. Je l'écoute. Je plaisante en parlant à mon futur enfant – pardon, notre futur enfant. Je caresse ce ventre comme pour le protéger. Je m'approche de lui et lui envoie des messages comme on parlerait dans un micro. Je me sens bien. J'ai l'air con, mais je me sens bien.

Nous avons assisté à la deuxième rencontre prénatale. Nous n'étions que trois couples, ce qui rend les échanges plus faciles. L'infirmière nous a parlé cette fois de l'aspect matériel après l'accouchement. C'est-à-dire des couches-culottes, des biberons, du lait maternel, du nécessaire hygiénique pour le bébé, des sièges d'auto, etc.

Amusant le volet automobile d'ailleurs parce que, avec toutes ces normes de sécurité et de taille de siège, si l'on s'en tient aux recommandations, nous, c'est la voiture qu'on va devoir changer !

Nous avons également eu droit à un jeu-questionnaire sur les normes d'un lit de bébé : un lit supposément non réglementaire était installé devant nous et nous devions énumérer ce qui paraissait incorrect ou dangereux.

Il y avait certes des anomalies aussi grosses que le nez au milieu de la figure, comme des roulettes fixées à chaque pied sans présence de frein, mais globalement, on peut dire que cette méthode de question-réponse est efficace, car on retient facilement les critères d'un lit de bébé sécuritaire.

Nous avons également eu droit
à un jeu-questionnaire sur les normes
d'un lit de bébé.

SEMAINE 16

« Qui peut prétendre comment sera le bébé et quelle sera son évolution ? »

Les visites médicales et les rencontres prénatales ont un point commun : vous en revenez toujours avec les échantillons d'un nécessaire postnatal dans une pochette en plastique. Dans la dernière, on y trouve des informations concernant évidemment la grossesse, mais surtout, un échantillon d'une couche de la marque X, des minitubes de crèmes quelconques et des sachets de lait en poudre. Le tout accompagné de questionnaires commerciaux vous promettant monts et merveilles pour votre futur bébé, si vous y répondez.

Quand on sait ce que coûte un nouveau-né, il est tentant d'apposer, presque au hasard, des petites croix dans les carrés-réponses de ces coupons souvent affranchis. Je dis presque au hasard parce que les questions concernent le plus souvent l'organisation de votre vie après la naissance du bébé et son alimentation.

Logiquement, on a une idée de ce que l'on fera, mais c'est tout de même le genre de situation qui se vit au jour le jour.

Qui peut prétendre comment sera le bébé et quelle sera son évolution, qu'elle soit alimentaire, physique ou psychique ? Même la science n'est pas en mesure de le faire, en partie. Heureusement, d'ailleurs...

Bref, je peux admettre que ces questionnaires ne sont qu'un moyen commercial incitant à la consommation de la marque qu'ils représentent et jusque-là, ce n'est pas bien méchant; on y est habitués quotidiennement.

Mais !

Mais ce qui me dérange et ce qui a fini par m'agacer – puisque ma femme et moi avons rempli et renvoyé tous les questionnaires en futurs bons parents que nous sommes – est qu'alors que la grossesse n'est pas à mi-chemin, on nous harcèle déjà au téléphone !

Qui ça ?

Les responsables des questionnaires qui, non contents d'avoir reçu leur réponse, entreprennent désormais de nous déranger plus directement, maintenant qu'ils ont nos coordonnées personnelles !

Généralement, la gentille préposée au bout de la ligne va justifier son appel en prétextant un sondage pour le produit qu'elle représente ou pour une enquête à l'échelle nationale. Elle vous promet toujours des cadeaux en retour. Jusque-là, je veux bien encore participer, bien que je n'ai toujours pas reçu les cadeaux promis au moment où nous avons rempli le premier questionnaire.

Toutefois, là où j'émets un doute sur la crédibilité de ces questionnaires et de ces soi-disant sondages, c'est lorsque les appels téléphoniques se succèdent à deux jours près, de la part d'entreprises concurrentes qui ont l'excuse du même sondage !

Bref, il n'y a pas un seul domaine commercial dans notre bonne vieille société matérialiste occidentale qui évite le matraquage publicitaire sous toutes ses formes, à des fins uniquement mercantiles.

C'est évident, allez-vous penser. Est-il donc si naïf ?

Je ne crois pas, non.

Non, je ne suis pas naïf; je suis seulement optimiste.

J'espère toujours qu'on ne va pas venir nous emmerder dans notre intimité – aux heures de repas le plus souvent – pour nous vendre de la camelote sous des raisons hypocrites !! Pensez-vous réellement que les grands patrons d'entreprises et ceux qui nous gouvernent s'intéressent sincèrement à nos progénitures ?

Ça, c'est être naïf !

5e mois

SEMAINE 17

« Je la trouve tellement belle ! »

17

Je m'énervais la semaine dernière parce que le téléphone avait sonné trois fois pour des pseudo-sondages. Comme de fait, cette semaine, c'est la poste qui s'y met en nous envoyant un autre sondage au sujet de la maternité. Même la fonction publique s'y met !

***

Ma femme a commencé à se masser avec des huiles et elle a entamé ses exercices prénatals.

En ce qui concerne les massages, on nous a dit qu'elle aurait pu commencer dès le premier mois; enfin, le deuxième mois puisqu'on n'a appris sa grossesse qu'à la septième semaine. Ce n'est pas grave; mieux vaut tard que jamais.

C'est bizarre de la voir se masser le ventre à l'huile d'amande douce parce que j'ai toujours l'impression qu'il gonfle! Elle s'installe, bien enfoncée dans le fauteuil, fait ressortir ce gros bidon – parce qu'il est gros, à présent – et le caresse langoureusement. C'est beau, mais c'est bizarre.

Par moment, elle me demande de venir le faire à sa place, mais mon impatience et ma brusquerie la dérangent. Pourtant, j'aime ça. Au début, j'avais peur de lui faire mal, à présent, ça me plaît. Son ventre ne formant pas encore une belle sphère, la peau n'est pas encore tout à fait tendue et sa souplesse me donne toujours envie de le masser comme on malaxerait de la pâte à modeler.

Puisqu'elle me répète depuis quelques jours qu'elle sent le bébé bouger ou tourner, j'essaie de le palper pour sentir un mouvement, mais je ne perçois rien. C'est assez frustrant et, par ailleurs, je crois que le jour où je vais ressentir un coup provoqué par le bébé, je vais avoir peur.

En ce qui concerne les exercices prénatals, je la trouve paresseuse, mais qu'y puis-je ?

Après tout, l'homme est mal placé pour dire ce qu'il ferait dans pareil cas. J'avoue que les exercices qu'on lui a montrés ne sont pas stimulants malgré leur bénéfice avéré au moment de l'accouchement. Quoiqu'il en soit, je ne l'agace pas trop avec ça parce que, de toute façon, c'est une femme dauphin ! Eh oui ! Elle adore l'eau et va à la piscine trois fois par semaine. Et il n'y a pas meilleure préparation pour l'accouchement, dit-on.

Je ne peux pas dire que je l'encourage bien fort parce que, d'une part, je n'aime pas l'eau et que, d'autre part, je n'ai pas revêtu une tenue de sport depuis au moins 6 mois !

Je l'accompagne parfois à la piscine, pour lui faire plaisir, mais pendant qu'elle fait ses trente longueurs, je barbote dans mon coin.

Je n'aime pas l'eau et je nage comme un fer à repasser.

Admi

Admiratif ! C'est le terme qui illustre le mieux mes sensations quand j'observe ma femme actuellement.

Je la trouve tellement belle ! C'est beau une femme enceinte finalement !

Surtout à partir du cinquième mois ! Elle prétend parfois qu'elle se sent affreuse, grosse, que sa peau est grasse, piquée d'aspérités, qu'elle ne sait pas quand elle a chaud ou froid, qu'elle a des renvois après les repas. C'est vrai tout ça, mais je la trouve belle et je l'admire.

SEMAINE 18

« Je dois être présent. »

18

J'ai un ami qui vient d'avoir son premier enfant, une fille. Durant les mois qui ont précédé l'accouchement de sa femme, on s'appelait pour discuter de la grossesse. De nos deux grossesses ! C'est plutôt drôle des gars qui se téléphonent pour parler de la maternité de leur conjointe et non de sport, de voiture ou de boulot...

On parlait donc des comportements de chacune d'elles et comme la grossesse de sa conjointe avait quelques mois d'avance, il me racontait ce qui allait pouvoir se passer.

Il faut avouer que, sur plusieurs points, ses propos se sont confirmés jusqu'à maintenant.

***

J'ai pas mal d'appréhensions pour le jour de l'accouchement.

Je m'attends à voir ma femme souffrir, à m'énerver contre le personnel médical et à réaliser ma part de travail. Bref, à vivre un moment stressant.

Bien avant que je sache que j'allais être père, je me disais souvent que jamais je ne pourrais assister à un accouchement, tellement la vue du sang et celle de la souffrance de ma femme me retourneraient. Je pensais encore ainsi au début de la grossesse.

Les semaines s'écoulant, la certitude d'être père, et toutes les réflexions qu'elle entraîne, m'ont persuadé du contraire. Je dois être présent.

D'abord, pour ma femme et, ensuite, parce que je sais que ce jour sera extraordinaire, unique; qu'il n'y a pas d'autres jours aussi fabuleux dans la vie d'un homme que celui où il assiste à la naissance d'une vie dont il est l'auteur. Il est tellement facile de prendre une vie, de la retirer, mais de la donner, de la permettre... Ça, c'est grand !

Lorsque mon ami m'a appelé quelques heures après l'accouchement de sa femme, j'étais presque jaloux et impatient d'être au mien, mon accouchement ! J'entendais sa voix encore pleine d'émotion et de fierté, de bonheur et d'émerveillement. Je pourrais presque écrire que c'était comme s'il avait vu le bon Dieu ! C'était ça ! Il venait de voir le bon Dieu ! À présent, il redescendait sur terre... Et plus vite qu'il ne l'avait pensé parce qu'il m'expliquait que lorsque le nouveau-né est encore dans la chaleur

et la sécurité de la clinique, on est encore sur son nuage, puis lorsqu'on se retrouve dans la voiture, la maman fatiguée derrière soi avec ce nouveau petit paquet de vie dans les bras, en direction du foyer désormais familial, la réalité terrestre nous rattrape vite.

L'aspect social de l'accouchement vient rompre ou du moins érafler son aspect merveilleux.

C'est ça la vie, une longue sinusoïde où les points culminants des émotions sont emportés dans les vagues régulières de la routine. On classe les pics parmi les bons souvenirs.

Voilà pourquoi je compte vivre pleinement l'accouchement de ma femme : parce que je veux ma part de bonheur, la part du bonheur que j'ai construit

et parce que je veux la partager avec celle que j'aime.

Nous sommes encore allés magasiner cette semaine. Quand je vois les couleurs des vêtements pour femmes enceintes, j'ai l'impression que les stylistes pensent qu'elles ont une moyenne d'âge de 40 ans. Je sais que la moyenne d'âge de la femme enceinte a augmenté de plusieurs années au cours des dernières décennies, mais il est rare de voir une quadragénaire ou une quinquagénaire enceinte; or, regardez un peu les vitrines des boutiques spécialisées dans ce domaine ! C'est simple, ma grand-mère porte les mêmes couleurs et les mêmes styles !

Notre dernière rencontre prénatale fut très intéressante; en tout cas, plus intéressante pour moi que d'habitude, car on a abordé, pour la première fois, la grossesse du point de vue des hommes. C'est-à-dire que l'infirmière était présente pour nous, pendant que nos femmes écoutaient. En fait, nous devions avoir un infirmier et nous isoler avec lui dans une autre pièce, mais il était absent ce soir-là.

Bref, c'est l'infirmière qui nous a pris en charge et nous sommes restés avec nos femmes dans la même salle. Cette séparation initiale était sans doute prévue pour faciliter les échanges; l'administration ayant pensé que, entre gars, des questions seraient abordées plus facilement. Finalement, le débat fut assez aisé malgré cette présence féminine et je n'ai pas compris pourquoi nous aurions dû ou pu être séparés.

Le fait de n'avoir été que trois couples présents, ce soir-là, a sans doute facilité la discussion.

Je ne suis pas sûr par contre que ce qui était prévu soit bénéfique au couple.

L'infirmière nous a demandé comment nous vivions la grossesse de nos femmes et si un sujet nous tracassait en particulier, un sujet qui n'avait pas encore été abordé depuis toutes ces semaines de rencontres.

On s'est d'abord observés quelques secondes, se demandant ce qu'on pouvait bien lui dire, puis, dès que le premier d'entre nous s'est jeté dans l'arène, les autres se sont lancés et mille sujets furent abordés... Eh oui, c'est comme ça un gars : en présence de filles et dans un débat particulièrement féminin, on est d'abord un peu gauches et sceptiques, on se demande si l'on ne va pas paraître imbéciles en posant une question quelconque.

Puis, dès que ce voile de timidité prudente est levé, des ailes nous poussent sur le dos et la gêne fait place à la spontanéité.

La soirée se déroula comme une soirée entre amis, alors que chaque couple était un étranger pour l'autre.

On retrouvait les mêmes questionnements entre gars par rapport à la grossesse de nos femmes qui étaient, à une semaine près, au même stade.

Nous passâmes deux heures et demie à discuter, sans voir le temps s'écouler et même l'infirmière fut étonnée par notre entrain.

Habituellement, ma femme et moi allions à ces rencontres en traînant un peu des pieds. Depuis cette soirée, on a presque hâte d'être à la prochaine.

SEMAINE 19

« Si je dois être le père d'une fille, elle sera ma princesse »

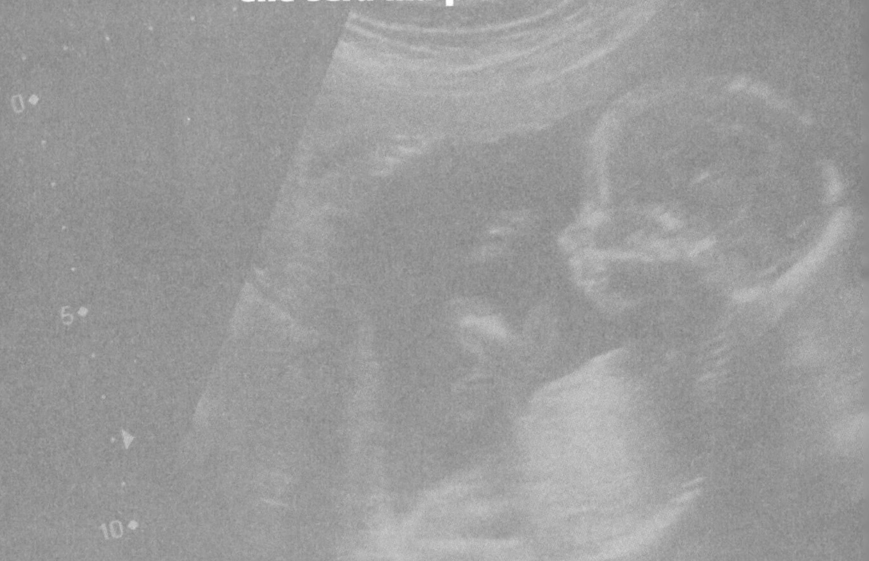

19

C'est cette semaine que devait avoir lieu la deuxième échographie.

D'abord prévue pour vérifier la bonne santé du bébé, tout le monde sait qu'elle permet également de connaître son sexe. À condition qu'il daigne bien le montrer, m'a-t-on prévenu... En effet, je ne savais pas que la position du bébé ou celle de ses jambes, par exemple, empêchait l'identification de son sexe.

Personnellement, je n'attendais le jour de cette échographie que pour cela, car je désire savoir si je vais avoir un garçon ou une fille.

J'ai osé avouer à mon entourage que je désirais un garçon. Si c'est une fille qui se présente, je serai évidemment heureux.

Et c'est justement pour cela que l'échographie est également profitable. Dans le cas d'une fille, j'ai encore quatre mois pour m'habituer à sa venue !

Ma femme, elle, désire une fille.

Donc, quoiqu'il arrive, au moins l'un de nous devra s'adapter à l'arrivée d'une vie qui lui semble étrangère.

En effet, je pense que c'est l'aspect différent, curieux, étranger et non étrange, qu'appréhende le père ou la mère par rapport au sexe opposé au sien.

Le futur père a l'impression de mieux connaître les garçons puisqu'il en est un et la mère a le même sentiment pour la même évidence.

En ce qui me concerne, j'accepte qu'on me parle d'orgueil masculin ou même, de machisme pour justifier mon envie d'avoir un garçon. Néanmoins, je suis sûr que si je dois être le père d'une fille, elle sera ma princesse et mon mâle orgueil en sera tout aussi flatté. Je sais aussi que c'est par facilité que je désire un garçon.

Connaissant mieux les comportements, les attitudes, les réflexes masculins, il me serait plus facile d'éduquer un fils.

Pourtant, depuis ces semaines où je pense à cette échographie,

je rumine de plus en plus la vision d'une petite fille courant autour de moi.

Et j'aime ça.

Devant l'écran qui nous montrait le bébé, j'étais d'abord impatient de savoir s'il était normal; c'est-à-dire qu'il avait bien tous ses membres et aucune malformation.

échoCe qui frappe en premier lieu, c'est la vitesse à laquelle il a évolué.

Ce n'était plus la grosse crevette ou le haricot géant d'il y a quelques semaines, mais une réelle forme humaine reconnaissable qui ne cesse de bouger et de tournoyer.

Ayant consulté auparavant de la documentation sur les échographies, j'essayais de deviner le cœur, les orteils, les doigts, les membres plus ou moins bien apparents ou le visage...

Quant au sexe, j'ai vite compris que le médecin orientait son examen de façon à ce qu'on ne puisse pas le voir et le reconnaître tout de suite.

Ma femme était concentrée sur le téléviseur face à elle, tandis que je regardais de mon côté sur le moniteur du médecin, considérant que la définition de l'image est meilleure. Après plusieurs minutes et au moins une dizaine de photographies sortant enroulées de l'appareil, ma femme demanda timidement au médecin s'il avait deviné le sexe.

Prudent, il nous demanda si l'on désirait le connaître et, fébrilement, nous lui répondîmes par un petit, « oui ».

Il nous fit alors patienter encore en répondant que ce serait le radiologue qui nous l'apprendrait, mais qu'il avait déjà, lui, sa petite idée...

Je n'avais absolument rien observé sur l'écran qui puisse ressembler à cette excroissance qui nous différencie des femmes, aussi minuscule fut-elle.

Bref, le temps d'une minute, j'ai pensé être le père d'une fille et je dois avouer que je me consolais en pensant que je n'étais pas un professionnel de l'identification échographique, que mon intuition pouvait être fausse.

La minute fut très courte puisque, aussitôt que le radiologue consulta l'écran, et afin d'obtenir le sexe immédiatement, je le provoquai en affirmant que c'était un garçon.

Très sûr de lui, il me répondit :

C'est une fille !

J'étais le papa d'une fille !

À 95 % de chances comme il répéta.

Ce fut une étrange sensation qui glissa en moi.

Je ne savais pas si j'étais surpris, déçu, inquiet ou émerveillé. Sans doute les quatre à la fois.

Je devinais la joie de ma femme dans un échange de regards silencieux, pendant qu'elle devinait mon désarroi.

Je sais que j'ai dû la décevoir à ce moment-là, malgré ma main dans la sienne.

Je suis resté sans mot dire, regardant sans le voir l'écran qui nous montrait ma fille, tandis que le médecin, tout en terminant l'examen, dialoguait avec ma femme.

Puis, petit à petit, la surprise a fait place à l'imagination.

J'ai commencé à me voir avec ce bout de chou dans les bras, en train de l'appeler Orléanne ! Dans le couloir qui menait vers la sortie de l'hôpital, j'ai tout de suite évoqué mes sensations à ma femme qui n'avait pas été dupe.

Elle me rassura en évoquant des anecdotes sur les petites filles et je la rassurai de mon côté, en disant qu'il ne fallait pas porter trop d'importance à ma réaction, qu'il fallait me laisser du temps...

En fait, je me rendis compte très vite, soit dès que nous fûmes dans la voiture, que j'avais été stupidement influencé par des affirmations catégoriques de notre entourage qui s'était amusé à prédire le sexe de notre enfant au moyen de pratiques populaires farfelues, comme la forme du ventre de la mère, le balancement de l'alliance suspendue au-dessus du ventre (auquel nous nous étions naïvement prêtés, il est vrai) ou les prédictions douteuses de cartes et d'astres quelconques.

Tout le monde avait prédit un garçon, alors pourquoi ne pas s'arrêter à l'idée que je serais le père d'un garçon ? Je ne faisais de tort à personne, après tout. Sauf à moi...

Finalement, une fois occultés mes *scénarii* avec un fils, j'eus rapidement la perception d'activités avec une fille, ma fille.

Je m'en voulus d'avoir été si naïf, partial et ingrat vis-à-vis de ce petit être tout à fait inconnu, déjà aimé, et c'est en confiant toutes ces choses à ma femme, en lui révélant mes craintes et en partageant notre joie commune que je peux, à présent,

vivre intensément dans le bonheur
d'être le futur père d'une fille.

Ma fille.

émen

SEMAINE 20

« Elle vit déjà parmi nous. »

20

Sur l'écran de veille de mon ordinateur, il y a la photographie numérisée d'Orléanne *in utero*.

Elle vit déjà parmi nous.

Désormais, je parle d'elle en la prénommant et dès que je passe devant une boutique de vêtements pour enfants, j'ai envie de tout acheter.

J'avais déjà dépensé mes sous avant même de connaître le sexe pour un joli ciré jaune de genre mixte.

À présent, je peux orienter mes achats vers le rayon des filles.

En achetant dernièrement un ensemble pour la fille de l'ami dont j'ai parlé, j'ai failli le garder pour la nôtre.

Mon choix s'est d'ailleurs arrêté parce que j'imaginais ma fille avec ce vêtement. Ce qui est particulièrement ridicule puisque je n'ai encore jamais vu ma fille.

Ma femme me retient, une de ses tantes a eu une fille l'été dernier, elle nous a promis toute la garde-robe de sa petite. Avec un an d'intervalle entre nos deux filles, on peut espérer récupérer pas mal de vêtements jusqu'à ce qu'elles atteignent l'âge de 5-6 ans où leur taille respective risque d'être avoisinante.

On est contents de faire des économies tout en se gardant bien de profiter abusivement de la situation. On a aussi l'envie de se faire plaisir en choisissant les vêtements de notre enfant, donc en les achetant. C'est un peu ça le dilemme, vouloir dépenser des fortunes alors que l'on sait qu'on aura tout sous la main au moment venu.

On m'a demandé pourquoi nous avions désiré connaître le sexe de notre enfant ?

En fait, je n'avais jamais pensé ne pas le savoir avant l'accouchement.

Sans doute est-ce le fait d'être d'une génération où les moyens technologiques contemporains permettent facilement l'identification du sexe avant que le bébé naisse. C'est devenu à ce point banal, sinon évident dans notre société, que l'échographie est ancrée dans nos esprits.

Dès que ma femme m'a annoncé qu'elle était enceinte, j'ai voulu connaître le sexe du bébé lorsqu'il en serait temps.

Il y a celles et ceux qui prétendent qu'il n'y a plus la magie de la naissance, de la surprise du sexe au moment venu. Je respecte cela, néanmoins je désirais savoir si je serais le père d'une fille ou d'un garçon et cette magie de la découverte, je l'ai vécue avec quatre mois d'avance, de façon virtuelle et non réelle. C'est la seule différence au niveau émotif. Aujourd'hui, je regarde les avantages de l'identification échographique. C'est la préparation de l'environnement du bébé selon des couleurs, des motifs et des formes qu'on lui prête.

Et comme je l'écrivais, c'est une façon de s'habituer psychiquement à sa présence, en tant que fille ou garçon.

rire

Nous savons qu'une grossesse entraîne nausées et autres désagréments intestinaux. Ma femme se félicitait déjà d'avoir franchi ce cap, intacte; cap généralement prévu les premiers mois.

Donc ma femme est hors-norme !

En voyage à l'étranger cette semaine, nous n'avions évidemment pas prévu ce risque puisque, statistiquement, la période désagréable était passée. Pourtant, une crise aiguë de gargouillements au niveau du colon l'a surprise. Bizarre que ces situations dérangeantes aient souvent lieu au cours de voyages d'agrément. Nous avons d'abord pensé à la tourista, étant donné le pays visité, mais les symptômes n'étaient pas probants.

Quoiqu'il en soit, même si j'ai compati à son inconfort, c'est plutôt une crise de rire qui m'a pris...

Il ne s'est pas passé un quart d'heure pendant toute une journée sans que la proximité de commodités soit cruciale. Une fois chacun vidé de nos richesses intestinales et lacrymales – il faut dire les choses telles qu'elles sont – nous nous couchâmes épanouis et rassurés par un diagnostic médical positif, dans la bonne humeur d'une journée mémorable.

6e mois

SEMAINE 21

« L'harmonie illustre cette période de moitié de parcours. »

Nous avons dépassé la moitié de la grossesse et s'il y a quatre mois, je ne voyais pas la fin de celle-ci, j'ai l'impression aujourd'hui que le temps s'est écoulé plus vite qu'habituellement.

En regardant ces derniers mois et ce qu'ils ont apporté à notre couple, en imaginant ceux qu'ils nous restent à vivre,

je me dis que neuf mois pour devenir père et mère, ce n'est peut-être pas assez...

Et l'harmonie illustre cette période de moitié de parcours.

L'harmonie qu'il y a entre nous et que nous ressentons, ma femme et moi.

On nous a dit aux rencontres prénatales que le dernier trimestre était moins facile, moins harmonieux que le second. En ce qui me concerne, je ne veux pas y croire et je le laisse venir tranquillement, sans m'en soucier.

Puisque notre entourage sait que nous allons avoir une fille, il peut à présent discuter le choix du prénom que nous avons soumis. Autant ma femme et moi avons tout de suite été d'accord sur le prénom d'une fille, autant nous nous emportions en permanence sur celui d'un garçon. Le destin a donc décidé de ne pas nous compliquer la vie.

Ma mère

Orléanne.

C'est ainsi que notre fille s'appellera.

Pour la majorité des gens à qui nous l'annonçons, cela semble plus curieux et original qu'immédiatement plaisant. On aime ou on n'aime pas, peu m'importe.

Ma mère, dont la foi catholique est raisonnablement importante, fut d'abord perplexe parce que sa petite-fille n'aurait pas de sainte patronne. J'avoue que je n'avais pas envisagé ce point, mon intérêt aujourd'hui envers l'Église catholique se portant davantage sur l'architecture qu'elle a développée au cours des siècles que sur son message. Quoiqu'il en soit, ayant été éduqué sous des préceptes catholiques, j'ai réfléchi à ce problème pour faire plaisir à ma maman et je lui ai répondu que sainte Jeanne d'Arc saurait sûrement protéger ma fille puisqu'elle était la figure emblématique de la ville d'Orléans, en France.

Orléanne

SEMAINE 22

« Néanmoins, si je ne l'accompagne pas à ce rendez-vous, je culpabilise. »

Elle se gratte !
Ma femme ne cesse de se gratter le ventre.

Qu'on soit chez nous ou dans un lieu public, il ne se passe pas un quart d'heure sans qu'elle se masse le bide avec les ongles !

J'ai d'abord cru à un nouveau tic de femme enceinte, une manie qu'elle développait afin de mieux exposer son ventre qu'elle trouve encore trop discret aux yeux du monde qui ne voit pas qu'elle est enceinte. Cependant, après quelques questions au médecin, on a su que cette démangeaison était normale, qu'elle était due aux tissus de la peau qui, logiquement, se tendent, entraînant un picotement cutané qui disparaît au cours des semaines.

En parlant de médecin, je trouve excessif d'être convoqué une fois par mois pour un contrôle se résumant à une analyse d'urine, à une prise de tension et à une pesée.

Certes, ce n'est pas moi l'intéressé, j'accompagne ma femme c'est tout.

Néanmoins, si je ne l'accompagne pas à ce rendez-vous, je culpabilise.

En plus, on perd une demi-journée de travail parce que la ponctualité n'est pas la politesse de l'administration médicale.

Je ne vais cependant pas aller blâmer notre obstétricienne quand je sais que je serai à ses côtés dans quelques semaines, face à une situation inconnue, sans doute paniquante, et dont elle seule aura l'entière maîtrise !

Je prends donc mon mal en patience dans la salle d'attente à regarder défiler les futures mères plus ou moins rondes ou à consulter les magazines de puériculture.

J'écris « notre » obstétricienne parce que, au début de la grossesse, je me souviens que le choix de celui ou celle qui allait accoucher ma femme était très important.

Il l'était en tout cas pour mon épouse puisqu'elle a décidé que ce serait une femme et non un homme.

Il a fallu s'assurer que celle-ci permettait l'anesthésie péridurale avant l'accouchement parce que tous les hôpitaux ne l'accordent pas.

Jusqu'alors profane en la matière, j'ignorais complètement la question de la fameuse péridurale.

Je ne sais pas pourquoi ce moyen d'éviter la douleur aux femmes qui accouchent n'est toujours pas systématique dans notre système de santé ?

urale

Je ne suis pas là pour débattre de ce sujet. Cependant, quand bien même la péridurale ne serait pas une institution, je ne peux pas comprendre que des obstétriciens, rarement des obstétriciennes, la refusent encore aux femmes enceintes.

Il faut croire que ce domaine de la santé est tenu par des phallocrates.

Et peut-être que si ces phallocrates accouchaient, ils comprendraient mieux l'urgence de la systématisation de la péridurale. Du moins l'urgence de la proposer.

En ce qui me concerne, il est évident que ma femme ne souffrira pas, en autant que la science puisse le permettre.

À bientôt six mois de grossesse, quoi qu'en dise ma femme, le volume de son ventre est visible ! Il est à ce point visible qu'elle n'en a déjà pas, parfois, la notion.

La notion de ce nouveau volume est si soudaine, qu'il lui arrive déjà de bousculer un objet placé à la même hauteur que son ventre !

C'est drôle, il y a des tâches qui deviennent embarrassantes.

Désormais, l'accès à l'évier pour la vaisselle est problématique et, dans deux mois, il lui sera totalement interdit. Heureusement pour moi, cette situation est momentanée !

Je plaisante, c'est toujours moi qui fais la vaisselle... Quand ce n'est pas le lave-vaisselle !

Dans le genre de tâches tout aussi quotidiennes – là, je vais passer pour un vrai goujat et peut-être pour un vantard – les relations sexuelles sont parfois croustillantes.

Ma femme a pris 15 livres en 5 mois et, de mon côté, je ne peux pas dire que ma force musculaire ait augmenté.

Bref, les jeux de l'amour sont aujourd'hui des jeux d'haltères !

SEMAINE 23

« Comment tu m'trouves ?
J'suis grosse, hein ? »

Au début de la grossesse, je lisais les revues consacrées à la maternité ou la documentation offerte par les CLSC. La crainte de l'inconnu me poussait à m'instruire. Aujourd'hui que je me suis calmé, c'est ma femme qui dévore les magazines. Je ne prétends pas tout savoir sur la maternité, mais ce que nous vivons depuis deux trimestres, par rapport au contenu des articles que j'ai lus, me pousse à avoir plus de recul.

En effet, si j'interprète globalement tout ce qui est écrit sur la grossesse, il s'agit davantage d'une période d'inquiétude que de quiétude, autant chez la femme que chez l'homme.

Or, il se trouve que nous la vivons plutôt bien, notre grossesse.

J'ai donc demandé dernièrement à ma femme de laisser tomber ces magazines parce qu'elle me commentait déjà les soucis de couple dans la période postnatale qu'elle lisait ça et là.

Finissons d'abord la période prénatale, on avisera quand le bébé sera là.

Alors que ma femme continue de prendre du volume, je m'enorgueillis de stabiliser mon poids parce que mes amis, déjà papas, n'ont cessé pendant des semaines, à l'annonce de ma future paternité, de me taquiner sur les kilogrammes que j'allais prendre.

J'en soupçonne même d'avoir engagé des paris...

Certes, j'en ai pris; je ne peux pas le cacher.

Moins qu'eux ! Ma chance, si je puis dire, c'est que je les avais pris bien avant la grossesse.

Actuellement, ma femme est angoissée à l'idée de ne pas retrouver sa silhouette. Je la rassure en lui parlant des exercices physiques qu'elle devra pratiquer après l'accouchement, même si je devine qu'elle ne les fera pas. En tout cas, pas régulièrement.

Elle ne fait pas ceux préconisés actuellement... Pourquoi ferait-elle ceux qu'on conseille après un accouchement ?

Secrètement, je crains aussi de ne pas revoir les courbes désirées chez elle. Je ne lui en parle pas trop, sachant que c'est un sujet tabou – chez les femmes, en général – et que c'est le tremplin d'une dispute.

Je me rassure avec le souvenir de ses bonnes intentions qui sont de vouloir réutiliser les jupes, robes et pantalons qu'elle portait avant la grossesse.

Elle se plaint ces jours-ci d'être difforme et de ressembler à une grosse baleine.

Je rigole intérieurement en imaginant seulement la silhouette qu'elle aura dans deux mois. La silhouette grosse grenouille, étant donné le style de marche !

Généralement, elle a sa crise de mélancolie «préplastico-natale» après avoir croisé dans la rue une fille digne des couvertures de Playboy.

Évidemment, elle me prend à témoin. Que répondre ?

Si je dis que la gazelle qui vient de passer est effectivement bien « roulée », que c'est normal puisqu'elle n'est sûrement pas enceinte, je me fais engueuler parce que je l'ai remarquée. Et si je réponds qu'elle l'a mal vue ou que la fille n'était pas si playmate que ça, je me fais engueuler quand même, parce que je suis un hypocrite.

Bref, je suis piégé dans les deux cas.

Un conseil donc aux futurs papas : lorsque vous vous promènerez avec madame enceinte, portez des œillères ou ne tournez jamais la tête au passage d'une silhouette féminine. Quelle qu'elle soit !

Le leitmotiv du premier trimestre était : « J'ai envie de dormir ». Celui du deuxième trimestre, c'est : « Comment tu m'trouves ? J'suis grosse, hein ? »

C'est tout de même une période délicate pour l'homme parce qu'il voit effectivement sa femme gonfler de semaine en semaine, sans savoir quel volume elle aura !

Fondamentalement, je désire toujours ma femme. Formellement, si je la désirais toujours telle qu'elle est actuellement, un psychothérapeute parlerait de perversion ou de déviance sexuelle !

Il est donc évident que je ne désire plus ma femme pour les formes qui m'ont toujours plu chez elle, mais bien parce que je l'aime.

C'est tout. Ce n'est pas hypocrite.

Là sont les problèmes d'ordre intime chez un couple qui attend un enfant. Et quand j'essaie de lui expliquer cela parce qu'elle me fait sa crise de femme enceinte non désirable, elle voit surtout en moi le cochon qui sommeille au fond de chaque homme, alors que, finalement, je suis simplement sincère.

C'est un raisonnement objectif, non ?

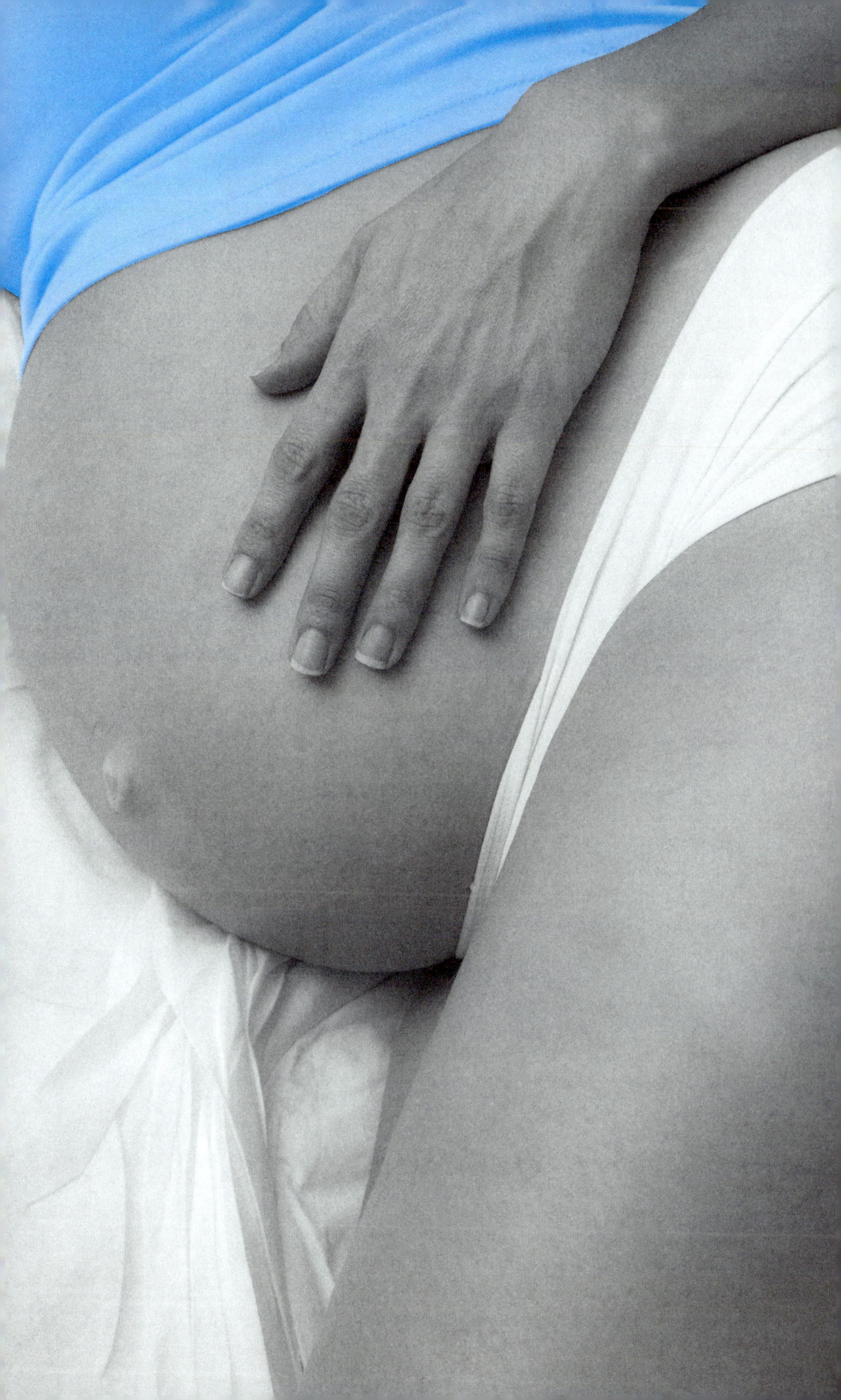

Parents

SEMAINE 24

« Après tout, on ne naît pas parents, on le devient. »

24

La chance que ma femme a d'être enceinte de six mois en période hivernale, c'est, d'une part, qu'elle n'a pas froid – en tous cas moins froid qu'habituellement – et, d'autre part, qu'elle peut se consoler de ne pas devoir se balader dans les rues en robe légère, telle qu'elle l'aurait fait au printemps ou en été.

Imaginez-vous l'ambiance à la maison au retour d'une marche, après avoir croisé tous les dix mètres une jeune femme montée sur talons hauts, la jupe à mi-cuisse et le décolleté invitant !

C'était un renoncement définitif à une éventuelle prochaine grossesse et une diatribe en règle contre la maternité !

Sa chance donc, c'est qu'en ce moment, toutes les filles sans exception sont comme elle dans la rue, avec un manteau, une tuque, des mitaines et surtout, sans aucun attrait de séduction quelconque !

Bref, d'égal à égal pour affronter l'œil scrutateur de l'homme moderne et, accessoirement, le froid hivernal.

Oups

Ces jours-ci, le bébé bouge de plus en plus. Moi, je ne sens rien !

Il suffit que ma femme me demande d'accourir et de poser la main sur son ventre afin de ressentir les coups qu'elle perçoit, pour qu'évidemment ceux-ci cessent.

Ça commence fort, Orléanne me provoque déjà !

En fait, c'est lorsqu'on est couchés, le soir en s'endormant, ma main posée sur son ventre, que de temps à autre je sens des petits coups.

C'est à la fois étrange et rassurant...

C'est aussi au cours de ces moments que nous imaginons et discutons de l'avenir avec notre enfant.

On projette des situations de la vie quotidienne en se demandant comment nous réagirons avec Orléanne tout en plaisantant sur les mauvaises habitudes que nous avons et qu'il faudra éviter par rapport à l'éducation donnée.

Pour ma part, l'effort devra être porté sur certains mots grossiers que l'emportement ou la colère me font parfois échapper.

En ce qui concerne ma femme, c'est son côté laisser-aller, en particulier lorsqu'il s'agit de ranger ses vêtements « suspendus à un clou par terre » dans notre chambre; elle va devoir surveiller et corriger ce manquement, car je me vois mal demander à ma fille de ranger sa chambre si celle de ses parents est en désordre.

Par ailleurs, je me dis que nous ne pouvons pas changer tous les petits défauts de comportement dont nous sommes conscients, sous le prétexte que nous allons être parents.

Dès que nous parlons de toutes ces choses à faire ou à ne pas faire, il en résulte une forme d'angoisse.

Après tout, on ne naît pas parents, on le devient.

Et neuf mois de préparation, ce n'est pas excessif. C'est en quelque sorte la période d'essai avant l'obtention d'un emploi, sauf que là, il n'y a pas de mise à la porte si notre profil ne correspond pas.

S'il m'arrive de faire le pitre tel un gamin, de hausser le volume d'une musique parce que je danse hystériquement dessus, de me balader à poil dans l'appartement, de me promener en me brossant les dents dans ce même appartement, bref, d'avoir des comportements réservés à l'intimité du couple et dont on ne parle à quiconque, ma femme souligne qu'il faudra peut-être éviter ces débordements devant l'enfant, au risque de la perturber.

Par ailleurs, il arrive aussi à ma femme d'avoir des attitudes assez singulières tout aussi drôles, bizarres et personnelles.

Ces dernières sont le plus souvent aux antipodes des principes généraux de l'éducation dite classique.

Cependant, je pense que toutes ces manies peuvent être distrayantes pour notre enfant et, s'il doit un jour dire que ses parents sont fous parce qu'ils font ci ou ça et de façon naturelle, ce sera notre marque de famille !

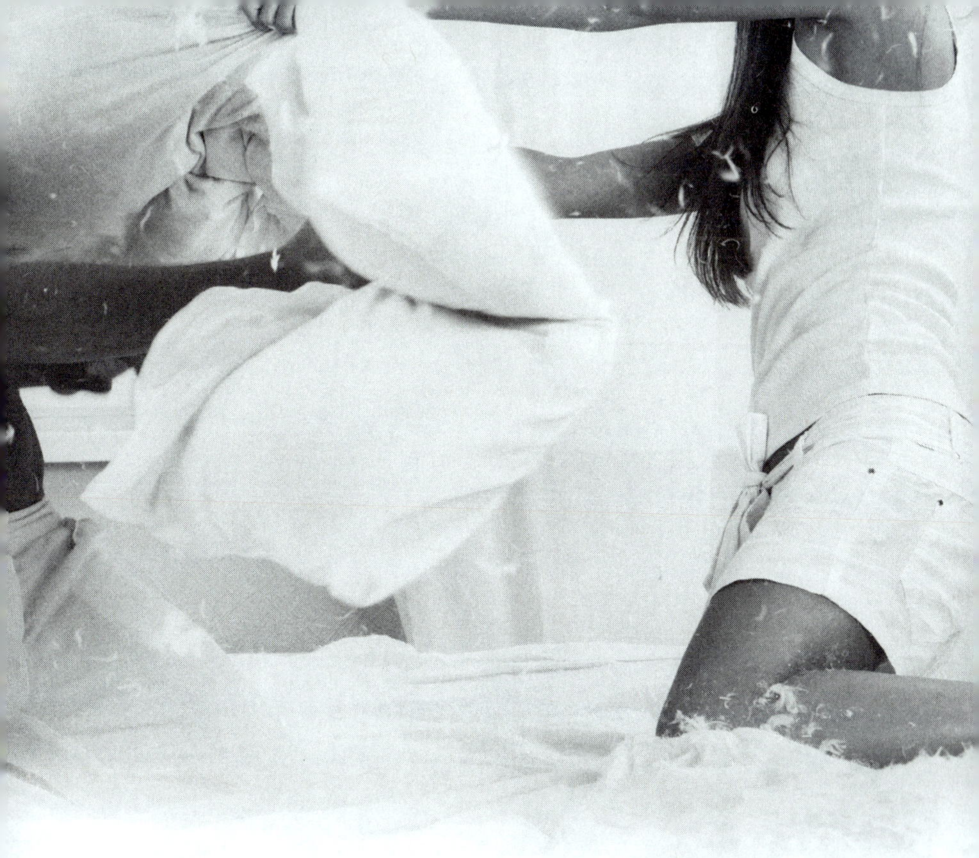

Donc, je compte ne surveiller
que mon vocabulaire de *jurons!*

7e mois

SEMAINE 25

« Je l'affronterai avec mes défauts et mes qualités. »

25

S'il y a un point que nous, les hommes, ne pouvons guère envisager au sujet de la grossesse, c'est la douleur de l'accouchement.

Oui, je sais, on en parle, on dit en être conscient, il nous arrive même d'en plaisanter, mais fondamentalement, on ne peut pas savoir ce que c'est.

L'arrière-grand-mère de ma belle-mère avait cette métaphore plus réaliste que romantique : « Un accouchement, c'est comme essayer de faire passer une patate par une narine ! »

Je rassure pourtant ma femme en lui disant que le bonheur d'accoucher, de donner la vie à un être que l'on sait nôtre occulte la douleur… Mais qu'est-ce que j'en sais ? Au fond, je dis ça pour la rassurer.

Ces dernières semaines, je pensais souvent à ce jour J tout en continuant de lire n'importe quoi sur le sujet, malgré les résolutions prises il y a quelques semaines en ce qui concerne les revues.

On lit que l'homme doit rester, lors de l'accouchement, à la tête de sa femme et non face à elle, car il peut avoir un choc psychologique à la vue du sexe écartelé de cette dernière; qu'il doit même prévenir l'obstétricien des éventuels malaises qu'il pourrait avoir !

Qui peut prévoir ce qui se passera et quelle sera ma réaction ?

Je vais rencontrer l'inconnu, c'est tout ce que je sais !

Je l'affronterai avec mes défauts et mes qualités.

Je ne suis pas le premier homme de la planète qui va vivre ça ! Et ceux qui m'ont précédé s'en sont majoritairement sortis, non ?

Allez ! Aux poubelles les revues stressantes.

Prévoir

Avenir

SEMAINE 26

« Je trouve alors le sommeil tout en conservant mes interrogations sur l'avenir. »

26

La semaine dernière, je drainais une légère angoisse

qui se manifestait par des questionnements sur mon avenir de père. Ces questionnements avaient toujours lieu avant de m'endormir, entraînant finalement de l'insomnie.

La nuit porte conseil, mais elle fabrique aussi les craintes qu'elle va chercher dans l'inconscient de chacun...

Je ne peux pas dire que les nuits de cette semaine sont meilleures, mais j'ai trouvé une façon de mieux les passer en regardant ma femme dormir.

J'ai l'impression de la protéger de mon regard et de veiller ses rêves qu'elle me raconte au matin. Cela m'apaise tout en fatiguant les yeux qui progressivement se ferment.

Je trouve alors le sommeil tout en conservant mes interrogations sur l'avenir.

***

À quelques semaines de l'accouchement, les visites médicales seront hebdomadaires par mesure de précaution. Actuellement mensuelles pour mon plus grand bonheur et celui de ma femme qui n'a pas toujours l'énergie d'attendre une demi-heure dans une salle d'attente pour cinq minutes de consultation identique aux précédentes, ces visites finissent par fâcher tout le monde.

J'ai déjà donné mon avis sur ces contrôles de santé. Si l'attitude de l'obstétricienne n'avait pas changé dernièrement, je pense que je lui en aurais touché finalement quelques mots... Or, – sans doute est-ce justement le rapprochement du dénouement – il se trouve que notre obstétricienne est plus avenante.

Elle m'a adressé la parole !

Si j'étais cynique, j'écrirais qu'elle s'est aperçue que sa patiente avait un mari qui l'accompagnait !

Bien que ma femme la défende en plaidant qu'elle fait très bien son métier, je constate tout de même que l'homme est systématiquement laissé pour compte dans le déroulement d'une grossesse et que les questions qu'il se pose restent souvent sans réponse, avec, par contre, la démonstration de sa bêtise sur le sujet.

Au cours de notre dernière visite, j'ai pu échanger néanmoins quelques propos avec l'obstétricienne, tout en remarquant sa réelle prévenance, que ma femme a également entrevue puisque c'est elle qui la souligna sitôt la visite terminée.

Cela lui donna des arguments pour la défendre de nouveau en prétextant que c'était sans doute les rendez-vous tardifs des précédents examens qui rendaient notre médecin morose. Soit.

Jusqu'à cette 26e semaine, je savais qu'en accompagnant ma femme à ses examens, je ferais tapisserie dans le cabinet médical.

À présent, je pense que mon ***rôle de géniteur*** *sera pris en considération par celle que je compte*

tout de même assister dans son travail,
dans deux mois.

SEMAINE 27

« Pour ma part, 2 + 2 ont toujours fait 4 ! »

Je ne sais pas compter !

Il y a un point futile sur lequel ma femme et moi ne nous accordions pas il y a quelques jours, c'est sur le nombre de semaines dans la durée d'une grossesse mis en rapport avec les mois écoulés.

Aussi dérisoire qu'enfantin que puisse paraître le problème, voici pourquoi il a été sujet à une dispute. Pour ma part, 2 + 2 ont toujours fait 4 et 4 + 4 ont toujours donné 8.

Jusque-là, mon arithmétique de base n'est pas bouleversée.

Or, il se trouve que lorsqu'on compte en semaines ou en mois de grossesse, et non plus en chiffres romains, 9 multiplié par 4 ne fait pas 36, mais 40 !

J'explique.

9, c'est le nombre de mois pour une grossesse et 4, le nombre de semaines dans un mois. Éloquent dites-vous ?

Eh bien, ma femme m'a fait comprendre que, parce que les mois ont souvent plus de 4 semaines, cela entraînait exceptionnellement, pour le temps d'une grossesse, un décompte particulier. Et pour ce dernier, on considère en fait qu'une grossesse comporte 40 semaines et non 36. Leçon terminée.

Bref, quand j'écris que nous sommes à la 27e semaine de grossesse, nous sommes aussi au 6e mois.

Pour ceux qui n'auraient pas compris, ce n'est pas grave; vous comprendrez mieux lorsque vous serez à ma place.

SEMAINE 28

« Peut-être est-ce moi qui ne suis pas assez inquiet ? »

28

Je sais que ma vie sera bouleversée dans deux mois et que tous ses paramètres seront modifiés en fonction de notre fille.

Le plus drôle, c'est qu'il me semble que la vie de mes parents et de mes beaux-parents le sera encore plus.

Actuellement, les quatre se disputent amicalement les cadeaux à nous offrir pour la petite. Ils ont presque de la peine si on leur répond que l'on n'a pas besoin de telle ou telle chose qui encombrera inutilement notre appartement et qui ne servira qu'une ou deux fois.

Par moment, j'ai l'impression qu'ils ne se souviennent plus du changement logistique et domestique qu'amène l'arrivée d'un enfant dans la vie d'un couple, alors qu'ils ont forcément vécu ce chamboulement il y a plusieurs années.

C'est l'égoïsme du grand-parent.

Ils seront là pour distraire, instruire, gâter et consoler leur petit-enfant. Ils seront aussi là pour conseiller, influencer, déranger, encourager, soutenir les jeunes parents sans les aléas du plus important, l'éducation.

Et celle-ci est une affaire aussi difficile, motivante, indispensable et noble que subjective et contestable.

Elle est l'inconvénient que les grands-parents n'ont plus.

L'éducation est du ressort des parents, c'est d'elle dont dépendra l'avenir civique et moral de l'enfant. Elle est la priorité exigeante des parents. Quels grands-parents ne s'en dispenseraient pas ? Ils ont eu leur part de travail. À nous de faire nos preuves.

***

Décidément, ma femme ne respecte pas les observations médicales sur l'évolution d'une grossesse. Elle aurait théoriquement dû avoir des crises d'angoisse et de larmes au cours du premier trimestre, elle n'en a pas eu, elle les a maintenant !

Son avenir de maman la tracasse particulièrement, au point d'être la meilleure amie de la boîte de mouchoirs en papier.

C'est d'abord nos conditions matérielles qu'elle met en doute puisque ces dernières deviennent des conditions de survie ! Nous ne vivons certes pas dans l'opulence, mais je ne pense pas que l'Accueil Bonneau deviendra notre maison d'accueil à cause de la naissance de notre fille. En tout cas, pas immédiatement !

Vient ensuite le problème de la garderie; je reconnais que l'on ne s'est pas beaucoup bougés jusqu'à présent pour se préoccuper de réserver une éventuelle place à notre fille. Quand bien même n'en trouverions-nous pas avant sa naissance, il n'y a pas de quoi paniquer.

On nous a dit qu'il faut réserver une place au moins un an avant la naissance de l'enfant ! N'y a-t-il pas là quelque chose d'absurde ?

Cela signifie qu'avant même de copuler,
il faut penser réserver sa place en garderie

pour l'éventuelle ***progéniture !***

Enfin, pour clore cette semaine délicate, c'est l'aménagement de notre appartement qui devient aussi difficile que l'escalade de l'Annapurna. Quelle angoisse !

Où va-t-on bien pouvoir placer le lit du bébé par rapport à la commode, le parc ou l'énorme ours en peluche ? Question profondément existentielle !

Il a d'abord été question de déménager afin de gagner une pièce; j'avoue que cette solution m'a paru, en premier lieu, la meilleure. Il n'y avait tout de même pas là de quoi fouetter un chat... Puis, au fil des semaines, nous avons envisagé d'aménager un coin bébé dans mon bureau.

En fait, après avoir visité quelques appartements, nous nous sommes rendu compte que nous ne pouvions nous détacher de celui que nous habitons actuellement.

On s'y sent bien, il n'y a donc pas de raison pour que notre fille n'y soit pas à l'aise; surtout la première année ! Après tout, son espace vital sera essentiellement l'encadrement de son lit.

Voilà une semaine mitigée qui se termine avec les mêmes questions « terriblement » angoissantes, à peine éclaircies par des réponses.

Peut-être est-ce moi qui ne suis pas **assez inquiet** ?

8e mois

SEMAINE 29

« Une nouvelle vie arrive dans la mienne, mais c'est ma vie qui se renouvelle. »

29

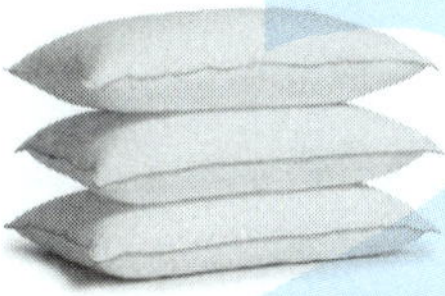

C'est généralement sur l'oreiller, le soir, avant de s'endormir, que nous parlons, ma femme et moi, de notre avenir de parents. Curieusement, j'ai toujours imaginé ce dernier en voyant ma fille en tant qu'enfant et non en tant que nouveau-né.

C'est ma femme qui m'a fait prendre conscience de cette absence d'esprit en me demandant dernièrement dans quel état je risquais d'être lorsque l'obstétricienne me tendra ma fille, juste après l'accouchement. Comment serai-je à la seconde où j'aurai dans mes bras pour la première fois de ma vie, l'être issu de mon sang.

Jusqu'à présent, je spéculais sur des situations de jeux, de bains ou de repas; dans mon esprit, ma fille devait avoir autour d'un an ou deux.

Si à présent, je me projetais au jour J + 2 minutes.

Dans quel état suis-je ?

C'est bien une étrangère que je tiens dans mes bras, pourtant, c'est ma fille.

À cette minute précise, je ne peux pas dire qu'elle soit esthétiquement plaisante, car elle est encore maculée de ce voile visqueux qui la protège et dont j'ai encore oublié le nom. Je crois que je suis tout aussi mouillé qu'elle, mais c'est de la sueur.

Ma femme souffle encore et ses yeux réclament notre petite.

En la posant sur sa poitrine, les miens lui répondent : « Je t'aime, c'est l'instant le plus fort de ma vie. »

Est-ce que je pleure ?

Je ne sais pas.

Sans être facilement enclin à cette effusion, il me semble bien que c'est de l'eau qui coule sur mes joues.

Ma fille est là, tout s'est bien passé, je remercie le ciel.

Stop.

Retour au présent.

Soit deux mois environ avant cet éventuel scénario.

Mais pourquoi donc m'a-t-elle parlé de ça ?

Voilà que j'angoisse à présent.

quoi

Je ne vais pas être seulement responsable de moi-même et de mes actes, mais d'un second moi.

C'est vrai, jusqu'à présent, l'instinct de survie qui est propre à l'homme fait qu'il y a toujours une autoprotection dans tout ce que j'entreprends.

Quelle autre vie m'importe plus que la mienne ? Celle de ma femme et de mes proches, dans la mesure où je peux intervenir pendant ou après leur instinct de survie.

Mais, ma fille ?

Elle est la continuité de ma vie et, jusqu'à un certain âge indéterminé, son autoprotection est plutôt limitée...

Curieusement, j'ai l'impression que cette deuxième responsabilité va me rendre fragile. Tous les pères de famille à qui j'ai pu parler de cela m'ont répondu que le contraire arrivait. On se sent plus fort et plus solide.

Une nouvelle vie arrive dans la mienne, mais c'est ma vie qui se renouvelle.

Je vais entrer dans la peau d'un père sans mode d'emploi. Et c'est aujourd'hui, en faisant défiler des souvenirs d'enfance où mon père est présent, que je me rends compte de la grandeur d'être père.

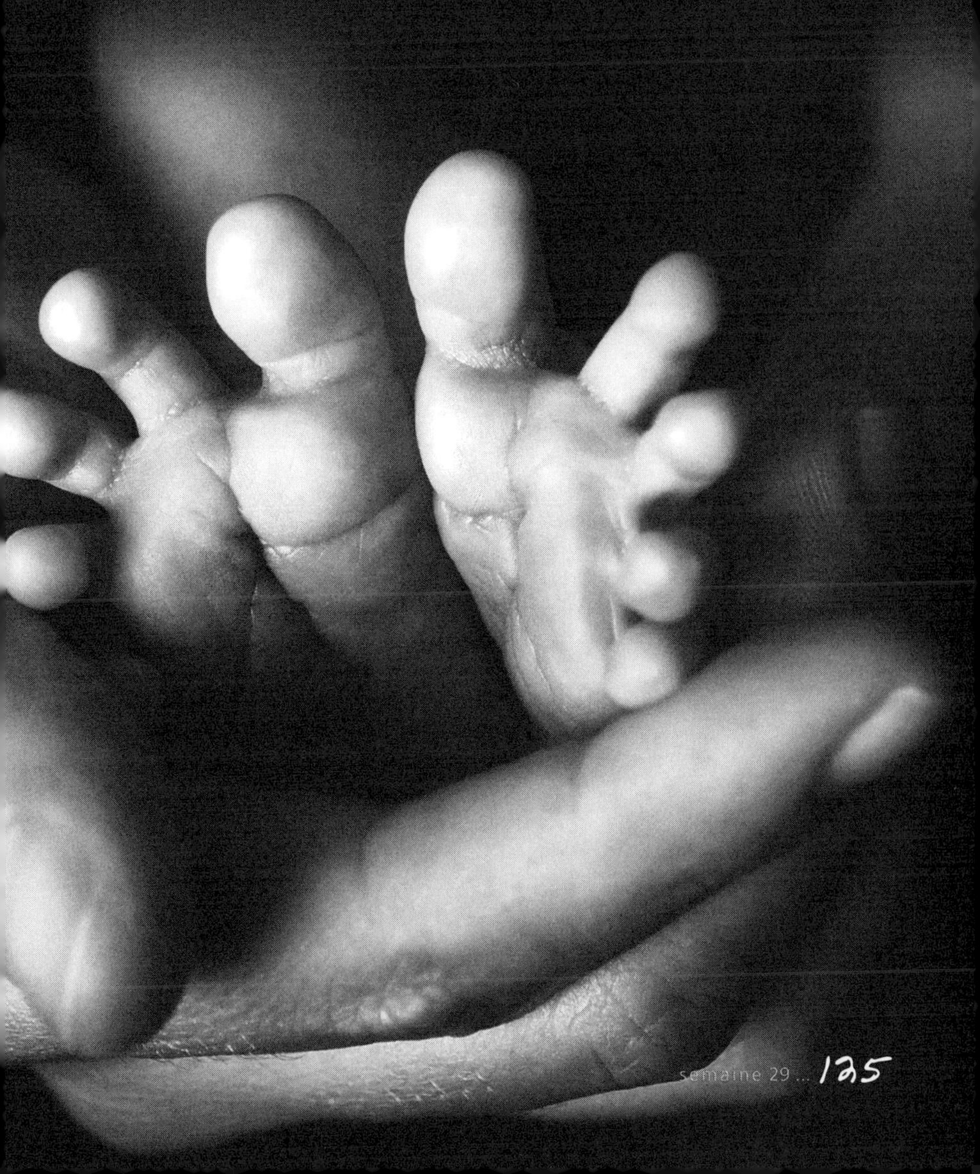

Fascinant

SEMAINE 30

« La machine humaine est fascinante. »

30

Il paraît qu'à présent ma fille perçoit la lumière au travers du ventre de sa mère. Elle nous entend depuis quelques semaines et l'on peut même communiquer avec elle.

La machine humaine est fascinante.

Ma communication se fait par palpations. J'appelle cela le morse de grossesse. Actuellement, mes insomnies ne me dérangent plus : je me place en chien de fusil derrière ma femme et je m'amuse égoïstement à lui palper le ventre. Ça la réveille. Et moi je discute avec Orléanne. Mes bras autour de son ventre, une main posée dessus, j'attends que notre fille se manifeste, car elle reconnaît – paraît-il – la chaleur et la taille de ma main. La discussion commence. Elle envoie d'abord un petit coup auquel je réponds par deux petites pressions de mes doigts. Si je ne presse qu'une seule fois, elle ne répond pas. Deux ou trois pressions amorcent des coups réels au rythme régulier. Je joue ainsi un petit quart d'heure et, pour terminer la conversation lorsque le sommeil me regagne, il suffit de presque tambouriner le ventre de ma femme pour agacer Orléanne qui, alors, ne répond plus.

Laissant la maman généreuse éveillée,
le papa égoïste se rendort !

Une chose est fascinante lorsque je palpe la maison de ma fille, c'est la reconnaissance de sa tête, d'un pied ou de ses fesses. Le toit de cette demeure étant donc un filtre de lumière et de son, en même temps qu'un micro, on nous a conseillés de faire écouter de la musique à sa résidante lorsqu'elle s'agite beaucoup.

Il paraît que cette méthode
***calme** le bébé* in utero.

Dans ses premiers mois de vie *ex-utero*, Orléanne aura la mémoire de la mélodie entendue. C'est ce qu'on nous a dit !

C'est plutôt la musique classique qui est recommandée.

J'avais pensé qu'AC/DC ou Téléphone feraient l'affaire – afin qu'elle ait mes goûts ! – ma femme me l'a radicalement interdit !

Malher et Beethoven remplacent mes souvenirs musicaux d'adolescence.

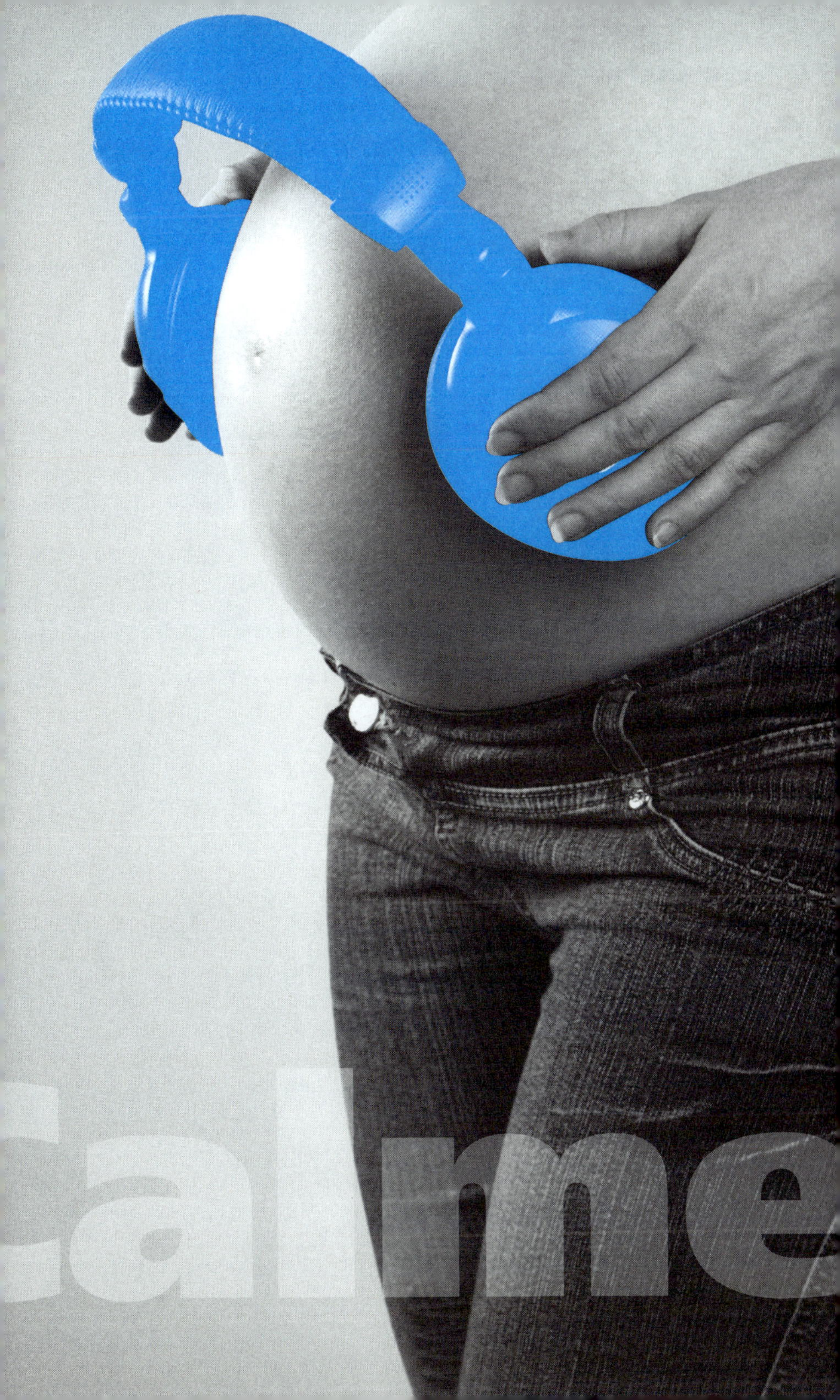
calme

Inconnu

SEMAINE 31

« Nous étions sérieux. Angoissés ? Non. Attentifs. »

Les rencontres prénatales ont repris.

Curieusement, j'ai perçu plus de concentration chez les futurs papas à l'écoute de l'infirmière.

On nous parle à présent de l'accouchement. Apparemment, c'est le moment le plus angoissant pour l'homme. Nous étions sérieux. Angoissés ? Non. Attentifs.

J'ai certes vu des accouchements filmés dans des émissions télévisées relatant une grossesse, cependant, vivre son propre accouchement – parce que c'est le mien également –, c'est une autre histoire.

D'autres futurs papas qui assistent à ces rencontres n'ont jamais vu d'accouchement, ils en visionneront un prochainement. C'est ce qui est prévu au prochain rendez-vous. Ils peuvent ne pas se présenter, pourtant, quelque chose me dit qu'ils seront tous là.

En ce qui nous concerne, si nous n'allons pas à cette ultime rencontre prénatale, c'est parce que ma femme aura accouché. Cette rencontre doit avoir lieu dans un mois et demi. À cette période, il est possible que je sois déjà papa !

Rôle

L'appréhension que j'ai sentie chez les hommes au cours de cette rencontre m'a été d'autant plus confirmée qu'il y avait parmi nous un faux nouveau papa !

Ce dernier était effectivement déjà père depuis sept ans. Il fut le seul à être plus détaché que nous du sujet abordé, n'hésitant pas d'ailleurs à rassurer les novices dont j'étais, de façon un peu suffisante. Il donnait son avis sur toutes les questions soulevées. Son expérience prévalait celle de la sage-femme. Ça ne l'aura pas empêché de venir à cette soirée d'informations écouter les conseils de cette dernière !

Je parle de mon propre accouchement comme si c'était moi qui allais enfanter : il est amusant de constater que ces rencontres de préparation

incitent les futurs pères à considérer le rôle qu'on attend d'eux.

Par exemple, les différentes respirations que la femme doit faire sont également entreprises par l'homme. Il doit être la bonne conscience de la maman lorsqu'elle accouche, en lui rappelant quelle respiration elle doit choisir pour mieux se sentir. On peut effectivement penser qu'elle aura oublié bon nombre de recommandations à un tel moment.

À mon avis, cette période, où l'ambiance doit être assez tendue, est plutôt l'objet d'échanges verbaux disgracieux entre les conjoints. Échange sans doute unilatéral, c'est-à-dire de la maman au papa.

L'infirmière a d'ailleurs prévenu les papas de ce délicat moment où les mamans sont précisément hargneuses envers leur conjoint qui doit, lui, se montrer patient et attentionné.

En gros, je vais avoir droit à un concentré de l'ambiance du premier trimestre dans une plage de quelques heures ! Tout en ayant l'air d'un roquet haletant dans le simple but d'accompagner ma femme dans sa respiration, je vais me faire engueuler. En plus d'avoir l'air idiot, je dois rester humble! L'image n'est finalement pas celle d'un roquet haletant, mais celle d'une carpe qui fait des bulles !

C'est incroyable ce qu'on aura pu paraître idiot au cours de cette dernière rencontre, lorsqu'on a toutes et tous inspiré longuement et expiré par saccades, pendant une minute trente, sous la direction de l'infirmière.

Si la scène a été filmée, seul Woody Allen peut désormais l'exploiter avec succès !

Accom

En ce qui concerne les positions qui permettent à la femme de se relaxer pendant les contractions de l'accouchement, l'homme fait également partie des accessoires de soutien : il peut servir de barre parallèle, d'espalier grec et, même, de cheval d'arçon ! Quel que soit le mouvement que la maman veut entreprendre pour se détendre, il doit obtempérer.

Là encore, aucune plainte de l'homme n'est permise même si un mouvement exercé sur lui est douloureux.

Seule la femme souffre pendant l'accouchement ! Physiquement, c'est sûr.

Moralement, ça l'est moins, car je ne sais pas si elle a le temps d'y penser !

L'homme souffre peu physiquement, c'est certain.

Qui dit cependant qu'il est à l'aise dans sa tête ?

Je ne me fais pas le défenseur de la cause masculine en période d'accouchement, mais je constate une fois de plus que le sujet est rarement abordé.

SEMAINE 32

« Je pense trop depuis quelque temps. »

32

Ma femme grossit toujours et voici qu'elle se colore ! Une mince ligne brunâtre apparaît sur son ventre, remontant du pubis au nombril et tenant compagnie aux quelques poils également apparus le long de ce petit chemin de Narcisse.

Cette trace est tout à fait normale nous a rassuré le médecin.

En fait, le terme « normal », en période de grossesse, rime toujours avec ***hormonal.***

Quel que soit le changement physique ou psychique chez la femme enceinte, il est normal puisque hormonal !

Hypocondriaque comme je suis, il faudrait que je sois enceint toute ma vie; mon médecin me rassurerait en me répétant que la moindre broutille au sujet de ma santé est normale parce que hormonale ! Et je guérirais tout de suite.

***

Je ne sais pas si c'est le fait prochain d'être père, mais je me suis senti vieillir cette semaine. Autant durant ces sept derniers mois je suis resté très détaché de ce qui m'attend, autant les quelques semaines qui nous séparent de l'accouchement me tourmentent. Je broie un peu de noir en imaginant toutes sortes d'événements malheureux, parfois ridicules ou irréalistes, qui pourraient briser notre future vie de famille et je ne vois aucune solution, aucun remède pour sortir de ces situations.

Je suis plutôt de nature à rebondir vite après un imprévu navrant, voire dramatique, toutefois, dans ce contexte qui n'existe pas encore, je me vois K.-O.

Pourquoi mon caractère changerait-il du jour au lendemain ? Il n'y a pas de raison pour que je ne rebondisse pas après une mésaventure, sous le prétexte d'être père.

Au contraire même !

Il faut que je cesse de penser. Je pense trop depuis quelque temps.

J'ai cru qu'écrire ce que je vivais soulagerait mes angoisses ou éclaircirait des points obscurs, mais je me rends compte que tout est flou.

Laisser faire la nature, se laisser guider par elle, être zen et retrouver la transparence du premier trimestre de grossesse.

Telle est ma mission pour ces prochaines semaines.

Dans ce médiocre délire, un détail de la langue française m'a surpris. Il existe bien des termes pour signifier qu'une personne a un ou des enfants; père, mère, papa, maman, etc. Il existe également des termes signifiant que l'on vit seul ou accompagné; les plus classiques étant les mots célibataire et concubin.

Mais il n'existe aucun mot qui signifie qu'on va être père ou mère !

À l'exception de la femme qui, s'identifiant comme enceinte, prouve évidemment qu'elle va être mère, rien dans le vocabulaire n'indique que l'homme sera père.

Il est soit célibataire, concubin, conjoint, époux, mari ou veuf, mais jamais «pré-père», « bientôt-père » ou même « célibataire-finissant parce que bientôt papa », « concubin-finissant parce que bientôt papa » et pourquoi pas, « amant en voie d'être père » !

Aucun mot n'exprime cette situation !

C'est tout de même fascinant lorsqu'on connaît la richesse de la langue française !

Voilà au moins un sujet que pourraient aborder les académiciens à l'Institut de France plutôt que d'ergoter sur l'emploi du féminin pour certains mots.

Sujet d'autant plus flatteur pour ces messieurs qu'il aborde un point justement masculin.

Flou

9e mois

SEMAINE 33

« Une envie de quoi ? »

Au début de la grossesse, j'écrivais qu'en ce qui concerne la libido de notre couple, nous n'étions pas toujours sur la même longueur d'onde... Depuis quelques semaines, l'onde est claire avec une fréquence raisonnable.

Sans rentrer dans les détails intimes d'une vie privée qui n'intéresse personne de toute façon, je pense que le point récurrent de la vie sexuelle d'un couple dont la femme attend un enfant depuis six ou sept mois, ce sont les positions !

À ce stade de la grossesse,
le Kāma Sūtra est proscrit.

Il n'est pas question de jouer les yogis, les équilibristes ou les contorsionnistes ! Lorsqu'on fait l'amour avec sa femme enceinte de sept mois et demi, on reste très classique ! Ce qui ne veut pas dire qu'on ne s'amuse pas !

Au contraire d'ailleurs.

Et pour les couples qui en douteraient, je recommande à la partenaire de s'attacher un ballon de hand-ball sur le ventre puis d'inviter son partenaire à un coït pseudo prénatal ! Vous conviendrez ainsi qu'il y a parfois des volumes dont on se passerait...

Corni

Si l'appétit sexuel est donc clément, celui de l'estomac est au beau fixe.

Je parle de l'appétit de ma femme.

En effet, je pense que son troisième trimestre va s'acheminer vers la copie du premier trimestre. Évidemment, elle se défend quand je lui fais remarquer qu'elle vient d'engouffrer trois assiettes de spaghettis au pesto, mais la réalité, c'est qu'elle se lève aussi à sept heures du matin parce qu'elle a une envie subite! Une envie de quoi ?

De cornichons !

La quantité ne me dérange pas; au contraire, j'ai plaisir à voir ma femme savourer ce qu'elle mange, même un demi-pot de cornichons ! Mais avec quoi je dois manger des cornichons au petit déjeuner, moi ?!

Et puis il y a désormais les périodes de repas : il n'y en a plus !

Elle peut manger quand elle veut et n'importe quoi !

chons

Personnellement, quand quelqu'un mange, ça me donne envie de manger. Par exemple, lorsqu'on regarde un film montrant une personne en train de manger un hamburger, on a toujours une envie soudaine d'aller chez McDonald's.

Eh bien, actuellement, chez nous, c'est comme si le film défilait en permanence !

Un soir, une chaîne de télévision avait programmé *La grande bouffe* de Federico Fellini. J'ai pensé le revoir avec ma femme et puis, après un moment de réflexion, j'ai imaginé sa réaction pendant ou après le film...

Je ne l'ai même pas enregistré ! On le louera après l'accouchement !

SEMAINE 34

« Désormais, je redoute le pépin. »

34

Dernièrement, nous sommes allés visiter la salle d'accouchement. Il y avait une dizaine de couples dont les femmes étaient à peu près toutes au septième mois de grossesse. Après une projection commentée par l'infirmière des étapes que nous allions rencontrer au cours de l'accouchement, on a parcouru le dédale de l'hôpital pour déjà se familiariser avec les lieux du grand jour; labyrinthe bien modeste, puisqu'il ne concerne que l'étage d'obstétrique...

Il est appréciable de connaître d'avance l'environnement et les mesures d'un accouchement, mais pour un séjour de 48 heures, cette présentation digne d'une publicité pour les services d'un hôtel, m'a amusé par son petit côté pendaison de crémaillère. Nous y étions pour être rassurés et informés, mais comme parfois avec les services sociaux de la santé, l'information se fait par l'exposition des incidents qui peuvent survenir et les interventions qui les suivent.

Dans le cas qui nous concerne, ce fut la présentation d'instruments utilisés lors d'un accouchement délicat. Les profanes que nous sommes avons un instant pensé que nous étions dans une chambre de torture! Certes, on nous a démontré qu'il était finalement facile d'intervenir en cas de problème, toutefois, j'aurais préféré ne jamais connaître tous ces petits pépins qui peuvent survenir.

Désormais, je redoute le pépin.

Décor

ation

À quelques semaines de l'arrivée de notre enfant, ma femme vient d'être piquée par la mouche de la décoration. À peine ai-je commencé à repeindre le berceau, prêté par un parent, qu'il faudrait qu'il soit terminé et que j'entame une décoration sur le mur de notre coin bébé. Moi, c'est plutôt la mouche de la modération qui m'a piqué. Non pas que je ne désire pas un endroit accueillant, douillet, mignon et chaleureux pour ma fille, mais l'impatience que sa maman développe actuellement est parfois gênante.

J'ai promis que des animaux de la ferme seront peints sur le mur pour l'arrivée d'Orléanne et ils le seront, c'est tout.

Je travaille à mon rythme et non au rythme d'une baguette magique.

C'est fou ce qu'un décor dit d'enfants peut égayer une pièce ! Nous, on a simplement repris les dessins de l'ensemble de draps qu'on nous a déjà offert, qui présente des animaux de la ferme. Bleu, rouge, jaune, rose, vert ou violet, c'est une ferme chatoyante où le mouton vert côtoie une poule bleue, les fleurs couronnent des tiges roses et les pommes rouges du pommier au tronc violet, sont piquetées de cœurs blancs.

Une telle décoration dans une maison sans enfant ferait un peu quétaine, malgré tout le charme que cela comporte. Pourtant, lorsque j'observe l'aspect terne et triste de certains intérieurs, je trouverais moins singulier de voir un dessin de grenouille bleue sur un nénuphar rouge peint sur les murs. Quitte à ce que les propriétaires passent pour de doux dingues immatures !

Bref, l'attente d'un bébé fait réfléchir aussi sur de nombreux points futiles.

SEMAINE 35

« Ma femme s'épanouissait de nouveau, c'est tout ce qui m'importait. »

Je pense que c'est la dernière crise alimentaire de ma femme : les pamplemousses. Quand j'arrive à en manger un, entier, en une journée, je considère que c'est plus qu'honnête, car habituellement, on en mange la moitié.

Combien pensez-vous qu'elle en mange en ce moment ?

C'est ça, elle peut aller jusqu'à deux ! C'est tout de même pas mal, non ? Deux, entiers ! En plus des autres fruits qu'elle engloutit !

Dans les bacs de rangement du réfrigérateur, je n'exagère pas si, dans la plus grosse semaine de stockage, j'y ai vu huit pamplemousses, sans compter ceux laissés sur le comptoir ! Ce qui est rassurant, c'est que ces crises durent rarement plus de dix jours.

Un estomac sur pattes, voilà le premier souvenir que je garderai de ma femme enceinte !

***

Comme on entre dans la phase de grossesse où le bébé naîtra assurément sans être prématuré, l'impatience commence à nous gagner. Même si je savais que la petite doit aller sous couveuse pendant quelques jours, cela ne m'angoisse pas trop, alors que sa maman devient perplexe lorsqu'on parle de cette éventualité.

Elle préfère accoucher à terme, malgré les nuits difficiles qu'elle passe actuellement.

En effet, les positions pour dormir sont réduites et la digestion est gênante. Et lorsqu'en plus la saison vous gratifie d'un rhume, la respiration pendant le sommeil ressemble davantage à une séance d'apnée.

Tous ces facteurs provoquent donc des insomnies, de l'agacement, deux à trois allers-retours entre le lit et les toilettes et, finalement, le réveil du conjoint.

Les réveils sont donc difficiles pour tous les deux et les journées paraissent très longues.

Pourquoi ne se soigne-t-elle pas ? Parce que lorsqu'on est enceinte, les médicaments, et particulièrement les décongestionnants, sont proscrits.

Un bon bol d'eau chaude à l'huile de camphre dont on respirera les vapeurs, une serviette sur la tête, voilà le seul remède.

C'est une recette de grand-mère, comme on dit, et à deux heures du matin, quand on est près de craquer, ça fait du bien.

Ces désagréments chatouillent évidemment les humeurs, les siennes comme les miennes. Ils entraînent aussi des inquiétudes au sujet de la grossesse, uniquement chez elle cette fois. En effet, ma femme a cru pendant 48 heures que le bébé ne bougeait plus et comme on nous a précisé durant les rencontres prénatales que, dans ce cas, il vaut mieux avoir un avis médical, je l'ai invitée à aller à l'hôpital.

J'ai bien essayé de la rassurer en tâtonnant son ventre et de lui dire que je percevais tout de même les mouvements de la petite – ce qui était vrai –, je ne pouvais pas néanmoins la contredire. Quant à mes observations, qui me paraissent logiques, sur le fait que le bébé a forcément moins de place pour bouger à cette période de la grossesse, elles ont dû lui entrer par une oreille pour sortir aussitôt par l'autre.

L'expérience de ces mois passés m'a appris à ne plus m'obstiner...

Il lui fallait un avis médical et les paroles rassurantes d'une infirmière; nous sommes donc allés à l'hôpital, c'est tout.

L'examen a entériné ce que j'avais prétendu et qui fut scientifiquement exprimé par l'infirmière. Ma femme s'épanouissait de nouveau, c'est tout ce qui m'importait.

Travaillez-vous encore ?

Vous êtes enceinte?

Pas trop nerveuse ?

SEMAINE 36

« Vous êtes enceinte ? »

« Vous comptez allaiter ? »

« Travaillez-vous encore ? »

Notre obstétricienne – eh oui, je considère que c'est un peu la mienne à présent – est toujours aussi loquace, mais après l'avoir observée quelques instants lors de la dernière visite, je crois pouvoir dire sans me tromper que son indifférence patente à mon égard et l'attention uniquement professionnelle qu'elle a, à l'égard de ma femme, sont dues à une timidité excessive, voire maladive.

C'est assez cocasse par rapport à son métier.

Timidité qui doit prendre la tangente et se faire évincer par une assurance démonstrative sitôt qu'elle est face à un accouchement.

En tout cas, je l'espère parce que sinon, notre accouchement va se faire dans une ambiance digne d'un enterrement.

Je me raccroche également à la réputation fameuse de son professionnalisme au moment précis de l'accouchement qui, paraît-il, mêle chaleur et efficacité.

Comme toujours au cours de cet examen médical, nous avons eu droit à l'accueil « porte de prison » des secrétaires de réception, bien qu'il fut 9 h et que le temps à l'extérieur ne prêtait pas à la mauvaise humeur.

Sans doute est-ce la profession qui le veut ainsi, à moins que mon visage soit celui d'un repris de justice en cavale, parce que quelle que soit la clinique fréquentée, j'ai toujours été accueilli de façon désagréable.

Par chance pour ces secrétaires, ma femme est patiente et tolérante, car si j'avais été enceint(e), j'aurais déjà fait un communiqué de presse !

Serais-je donc anxieux cette semaine pour être aussi agressif ?

Serait-ce par hasard l'imminence du jour J ?

Toujours est-il que, tantôt, c'est ma femme qui s'impatiente à cause des contractions irrégulières, tantôt c'est moi qui m'énerve lorsqu'on me parle de la grossesse.

On est dans la période où aucune personne ne nous aborde sans embrayer sur le sujet.

Que ce soit l'entourage proche ou le plus parfait inconnu, les questions récurrentes sont : « Ça se passe bien ? Pas trop nerveuse ? À quel hôpital accouches-tu ? N'oublie pas de nous appeler ? Vous l'attendez pour quand déjà ? »

Travaillez-vous encore ?

Vous êtes enceinte?

Pas trop nerveuse ?

Et puis, il y a les questions ridicules ou déplacées qui pousseraient au mépris. Elles viennent souvent d'une vague connaissance ou du quidam à l'épicerie : « Vous êtes enceinte ? » (À 9 mois de grossesse, c'est l'observateur en puissance !) « Vous comptez allaiter ? » (Qu'est-ce que ça peut te faire ?!) « Travaillez-vous encore ? » (De quoi je me mêle ?)

Je reconnais que mon agacement est sans doute exagéré, mais il faut bien comprendre que toutes ces questions précèdent toujours des commentaires, des avis ou des anecdotes dont on se fiche complètement. Ma femme étant d'une patience infinie, elle peut tenir la discussion sans fléchir.

Une seule chose l'agace au plus haut point, un seul geste la trouble particulièrement, c'est lorsqu'on touche son ventre ! J'en ressens le même trouble. C'est comme si on attentait à ma propre intimité.

Nous trouvons ce geste indécent et plus particulièrement lorsque l'intéressé n'a pas demandé la permission de toucher et qu'il joint le geste en même temps qu'une remarque, souvent banale.

Je me permettrais bien d'intervenir, mais après tout, cette partie de moi-même ne m'appartient pas.

Quant à ma femme, l'absence totale de gêne d'une personne qui pose la main sur son ventre la sidère tellement, qu'elle en reste furieusement coite; et finalement philosophe puisqu'elle aime répéter que sitôt que le ventre d'une femme enceinte dépasse le volume de sa poitrine, il appartient au domaine public et n'importe qui éprouve le besoin de le toucher.

Ainsi soit-il.

Ça y est

SEMAINE 37

« La grossesse n'est pas une maladie. »

37

Ça y est ! On y est ! La grossesse est théoriquement à terme et ma femme peut accoucher d'un instant à l'autre. Les nuits sont de plus en plus blanches. C'est sans doute pour nous préparer à celles qu'on va passer dans quelques jours à trois.

La vie est bien faite, décidément.

Au cours de la dernière visite médicale, l'obstétricienne s'est montrée tellement affable que je suis désormais persuadé qu'il y a deux personnalités chez elle. Son visage et son attitude rayonnaient parce qu'elle devait partir à l'hôpital, sitôt notre examen terminé, pour accoucher l'une de ses autres patientes.

En fait, c'est une femme qui est tellement passionnée par son travail qu'elle n'est à l'aise que dans son contexte. Sortie de ce dernier, elle doit replonger dans une sorte d'inconfort ou de froide timidité.

Son métier est sans doute l'un des plus beaux du monde et je sais à présent qu'elle est de celles qui l'honorent.

Je pense que je serai désormais moins distant ou méfiant avec elle dans la salle d'accouchement.

Très souvent, les futures grand-mères s'inquiètent de l'état de leur fille enceinte si celle-ci ne cesse pas les activités physiques, autour du neuvième mois.

Pourquoi ma belle-mère serait-elle différente ?

Lorsqu'elle a appris que nous étions allés nous balader à bicyclette toute une journée, ce fut immédiatement la leçon de sécurité donnée à ma femme. Pourtant, notre obstétricienne, loin d'être alarmiste, nous a confirmé qu'après tout, si la future maman se sent à l'aise dans une activité, elle peut la pratiquer tout en restant prudente.

La *grossesse* n'est pas une maladie.

Ma femme continue de travailler, d'aller à la piscine – il m'arrive encore de l'accompagner – ou de faire de la marche et elle ne s'est jamais aussi bien portée qu'aujourd'hui – sans jeu de mots.

vécu

SEMAINE 38

« L'ignorance du vécu ! »

38

Au moment d'écrire sur cette 38e semaine, je me demande s'il y en aura une 39e.

C'est plutôt curieux d'écrire ces lignes en sachant que l'épilogue est proche sans pour autant le contrôler.

Ma femme a décidé d'arrêter de travailler. Sage décision. De mon côté, étant moins tributaire d'une planification sociale, je peux à présent profiter au mieux de ses derniers jours de grossesse. Cette liberté reste néanmoins limitée, car dès que nous nous éloignons un peu de la maison, on spécule sur l'imminence des contractions finales.

Au cours de la dernière rencontre prénatale, nous avons pu revoir des couples entrevus les mois précédents. C'est toujours drôle de contempler l'évolution volumique des femmes. Autant certaines étaient énormes, autant je me demandais si d'autres n'avaient pas déjà accouché tellement leur rondeur était encore discrète.

Tout en discutant sur l'excitation que nous éprouvons à la veille du grand jour, l'infirmière rassure les couples pour qui cet événement est moins bien vécu. C'est une situation qui me surprenait dans un premier temps puisque ma femme et moi sommes confiants et assez épanouis, mais à l'écoute de certains propos, je comprends la délicatesse de cette période chez d'autres personnes.

Le récit d'histoires propres à chaque couple est ici inutile; ce qui me restera d'abord de ces rencontres, c'est la patience et le dévouement des infirmières qui, plus qu'un travail d'information, font un travail de soutien moral, voire affectif, auprès de femmes et d'hommes non préparés à la grossesse, alors qu'elles pourraient s'en tenir aux formalités d'usage.

Il aura fallu que je sois à ce carrefour de ma vie, à ce virage qui indique la direction « père », pour que des réalités sociales, essentiellement illustrées par la pauvreté de l'instruction et la misère matérielle, me soient présentées d'aussi près.

Sans doute est-ce le cas pour la plupart des futurs pères qui assistent à ces rencontres prénatales…

Il n'est pas question ici de s'autoculpabiliser ou de paraître si ignorant, si naïf face à une telle détresse sociale. Personne n'est naïf, tout le monde est au courant de la misère en bas de chez lui. Je ne dénonce rien et je n'ai pas de réponses toutes faites à des questions posées.

Cependant, parce que ma vie de ces derniers mois a été quelque peu mêlée à l'élaboration de la famille dans la société, je me suis intéressé aux problèmes et aux revendications sociales des personnes travaillant dans les CLSC. Globalement, les budgets pour tel ou tel service leur sont progressivement coupés. Ce n'est pas les querelles de partis, les mesquineries politiques, l'ambition personnelle des députés, les reports de promesses électorales ou la cupidité qui sont la cause de ce problème, c'est l'ignorance ! L'ignorance du vécu !

Prenez un ministre des Affaires sociales et de la Santé, faites-lui suivre les rencontres prénatales hebdomadaires d'un CLSC de quartier défavorisé et laissez-le cogiter quelque temps sur cette expérience. Si des mesures concrètes et efficaces ne sont pas mises de l'avant, alors d'accord, seul Montherlant aura eu raison de dire que « la politique n'est que l'art de se servir des gens ».

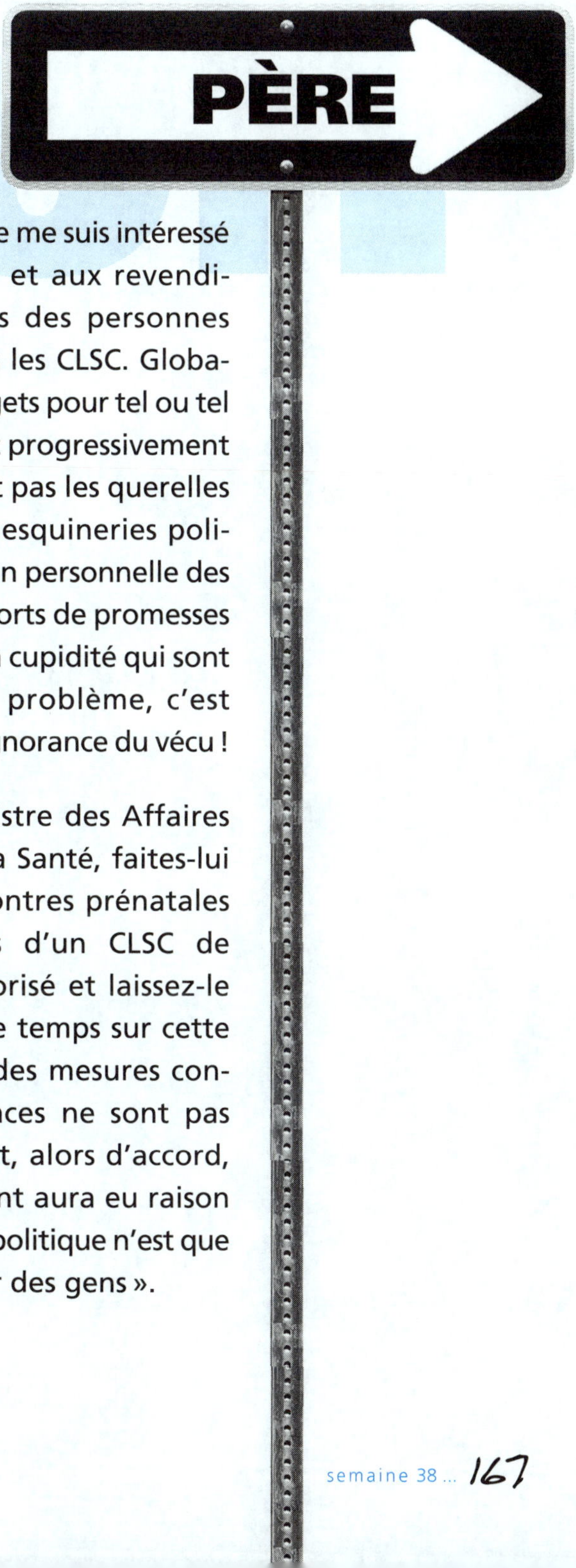

Je crois

SEMAINE 39

« Ce coup-ci est le bon. Je crois. »

39

On s'énerve beaucoup actuellement. *Surtout moi.*

L'impatience me rend anxieux et l'attente fébrile de notre famille, qui ne cesse de nous demander quand ma femme accouche chaque fois qu'on se rencontre, est devenue agaçante. Comment voulez-vous que l'on sache quand la petite va arriver ?! OK, c'est pour ces jours-ci, mais ce n'est pas d'une précision informatique ! Juste scientifique !

Ce coup-ci est le bon. Je crois.

J'ai un peu de temps devant moi pour écrire quelques lignes.

Ma femme est dans son bain. Depuis très tôt ce matin, elle a des contractions à intervalles réguliers qu'elle cherche à calmer grâce à l'eau.

Nous ne nous emballons pas, nous ne paniquons pas...

Elle a tellement eu de contractions durant cette grossesse qu'il s'agit peut-être d'une fausse alerte.

L'hôpital que nous venons d'appeler tempère également nos ardeurs, l'infirmière de garde nous a conseillé de ne pas partir avant que les contractions aient 4 ou 5 minutes d'intervalle. Nous sommes déjà à 7 minutes !

Je pense à ce que j'ai dit à notre entourage, en plaisantant, il y a une semaine : « Ma fille va naître tel jour, à telle heure et pèsera autant ».

Pour le moment, le jour est le bon, l'heure pourrait correspondre à ma prédiction et le poids prédit est autour de celui estimé par notre obstétricienne lors de la dernière visite médicale.

Alors ? C'est ça l'instinct paternel ?

***

Pas vraiment, car au moment de reprendre ces lignes, une demi-journée a passé et les contractions de ma femme ont disparu. Fausse alerte donc, nous restons vigilants.

C'est assez singulier cette attente d'ailleurs, car le vocabulaire utilisé ces derniers jours pourrait être employé par un stratège préparant une attaque envers un ennemi.

On ne connaît pas le moment précis de l'événement, mais on sait qu'il va arriver d'un instant à l'autre.

On parle donc de vigilance, de tension, de préparation, de nervosité, de planification, de prévoyance, d'attention, etc.

Si une personne complètement ignorante
de ce que je vis actuellement m'écoutait,
elle pourrait penser que je me prépare
à une offensive guerrière !

Et pourtant, j'ai plutôt la sensation d'être
sur la défensive.

SEMAINE 40

« Notre fille est née ! »

40

Notre enfant est né,
notre fille est née !

Finalement, c'est au moment d'aborder la 40e semaine que le grand jour est arrivé.

Deux jours après la fausse alerte, les contractions ont repris de façons régulières et accentuées.

Réveillée au milieu de la nuit, ma femme a pressenti qu'il ne s'agissait pas d'un simple caprice de la nature. Dans un demi-sommeil, je suis resté au lit pendant qu'elle apaisait ses maux dans l'eau chaude d'un bain, puis, alors que le soleil se levait comme pour nous indiquer le chemin à prendre, nous avons appelé l'hôpital pour qu'une infirmière confirme nos certitudes et nous invite à partir pour l'accouchement.

Et parce qu'il y a des moments intenses de notre vie qui nous réservent des surprises futiles, il a fallu que j'échappe les clefs de la voiture dans le coffre de celle-ci, au moment où je le fermais, avec toutes nos affaires à l'intérieur !

Oups

La panique ne dura qu'une fraction de seconde alors que la colère envers ma bêtise se poursuivit jusqu'à l'appel au CAA, dont la préposée compréhensive fit tout de suite envoyer une dépanneuse pour ouvrir la serrure de la voiture, sans exiger mon numéro d'abonné comme la règle le veut (puisque ma carte était à l'intérieur de la voiture !). J'ai dû forcément lui expliquer la cocasse situation, quitte à paraître distrait.

Ma femme ne voulait pas de taxi, car toutes ses affaires étaient dans ma voiture.

Le départ fut donc retardé d'une demi-heure et par chance, les contractions ne s'accentuèrent douloureusement qu'à notre arrivée à l'hôpital.

Rien

Alors que j'avais envisagé ces instants dans la fébrilité, voire la panique, durant les mois précédents, je me sentais assez reposé, plutôt **serein.**

J'essayais de me souvenir des cours prénatals, tout en m'embrouillant avec les différentes manières de soutenir physiquement et verbalement ma femme. Elles furent inutiles.

Ma femme avait adopté la méthode

« fiche-moi la paix ».

Méthode effectivement enseignée, qui est davantage une attitude remarquée qu'une méthode d'ailleurs, et qui s'avère très efficace pour l'homme s'il laisse momentanément sa susceptibilité de côté, car il n'a rien à faire.

C'est ce que j'ai fait ! Rien !

Pendant que le travail des contractions se déroulait, je me baladais dans les couloirs de l'étage, tout en jetant un œil de temps à autre dans la chambre pour y voir ma femme souffrir et se relaxer successivement.

C'est justement au cours de ces minutes de relaxation que son regard m'indiquait la sortie. En fait, je pense qu'elle a dû être vexée dès que nous fûmes installés dans la chambre d'accouchement parce que je lui ai dit que son attitude en période de contractions et celle en période de relaxation étaient si soudaines, brusques et différentes, qu'on aurait pu croire qu'elle jouait la comédie !

C'était évidemment une plaisanterie afin de dissiper la tension ambiante, mais elle ne l'a pas pris...

Tout en tournant en rond donc, dans le couloir, je me renseignais auprès des infirmières sur l'instant où je devrais tout de même être définitivement présent dans la chambre pour les contractions et les poussées finales.

Ces cent pas de solitude ne me parurent pas si longs. Trois heures à peine après notre arrivée à l'hôpital, j'assistais enfin à l'accouchement de ma femme.

Alors que notre obstétricienne – charmante soit dit en passant, comme je le prévoyais –, assise face aux jambes écartées de ma femme, contrôlait simplement les poussées en les encourageant, une infirmière et une interne accomplissaient leur travail que je ne peux absolument pas commenter puisque, de mon côté, c'est-à-dire à la gauche de ma femme qui me tenait la main, j'étais focalisé sur son bas-ventre.

*Ce qui se passait dans ma tête à ce moment-là est **indescriptible**, malgré ces lignes.*

Mes yeux étaient tantôt sur le visage convulsionné de ma femme, tantôt sur son « ventre-écrin » qui allait nous dévoiler le bijou de notre vie.

La nature a voulu que cela aille très vite puisque, à la troisième poussée, alors que déjà, dès la deuxième, le crâne du bébé était visible, la tête sortit si rapidement qu'elle entraîna le corps tout entier dans une glissade évacuatrice et soudaine.

Un réflexe déjà paternel me fit avancer le bras pour réceptionner ce bout de vie visqueux, mais l'obstétricienne m'avait devancé et tenait déjà le bébé entre ses mains.

Les secondes paraissent alors des heures et les heures paraissent des secondes.

Le temps s'arrête ou défile,

je ne sais plus.

Une grande vague de chaleur courut dans mon corps, de la tête aux pieds ou vice versa. C'est sans doute l'émotion de l'accouchement. Aucune sensation d'évanouissement contrairement à ce qu'on m'avait dit et que j'avais cru.

Je me suis plutôt senti fort et fier, regardant ma femme qui tenait son enfant sur sa poitrine, qui lui demandait de pleurer, car il n'avait émis qu'un petit cri furtif en venant au monde. Vite rassurée par d'autres cris, elle admirait le fruit de sa chair pendant que je coupais machinalement le cordon ombilical de ma fille, la main soutenue par l'interne.

Dès la sortie de l'enfant, je n'avais pas pris soin de vérifier qu'il s'agissait bien d'une fille; seule l'analyse succincte et rapide de la « normalité » de ce petit corps prévalait.

unité

Dans la fièvre de cet instant,

j'ai ressenti une sorte d'unité

entre ma femme, ma fille et moi

que rien n'aurait pu troubler.

C'est aussi dans le quart d'heure qui suit l'accouchement que je me suis rendu compte que le sexe de l'enfant n'est pas important; c'est le seul fait de son état qui l'est.

Depuis le début de la nuit où les contractions avaient commencé, jusqu'à la moitié de cette journée, la fatigue eut dû m'emporter et, pourtant, la joie m'apportait des répits d'énergie dont j'abusais allègrement.

Notre fille est restée avec nous en salle d'accouchement durant une demi-heure, emmaillotée, serrée, ne dégageant que sa petite figure rougie, à peine plissée, les yeux grands ouverts.

Puis l'infirmière a dû l'emporter dans un autre local pour les examens courants qui suivent l'accouchement. De notre côté, nous changions de chambre. Je n'ai pu m'empêcher de suivre l'infirmière à la pouponnière, un peu inquiet du sort, pourtant bien pacifique, qui attendait Orléanne.

Au travers de la petite bassine de plexiglas qui le protégeait, je contemplais notre chef-d'œuvre et je devais déjà me séparer de lui.

œuvre
La première séparation,
une heure à peine après sa naissance.

Étreint

Dans sa chambre, ma femme fatiguée cherchait le sommeil réparateur pendant qu'une infirmière vérifiait les points de suture qu'avait laissés l'accouchement. Après les coups de fil d'usage à la famille, je m'alitai à ses côtés dans une étreinte câline et reposante.

Nous savions que les heures qui allaient suivre seraient un défilé de parents et d'amis; nous savions que les jours qui allaient suivre seraient un défilé de nuits insomniaque;

nous savions que les années qui allaient suivre seraient un nouveau défilé dans notre vie,

qu'elles seraient un défilé dans ***notre nouvelle vie.***

Orléanne est en bonne santé, ma femme est en bonne santé.

Je viens de vivre neuf mois inoubliables.

Des mois on ne peut plus naturels, on ne peut plus ordinaires par rapport à l'essence humaine, et pourtant si extraordinaires !

Je suis père depuis quelques jours et plus jamais je ne regarderai les pères comme avant.

Je suis père depuis quelques jours,
une nouvelle vie commence.

Orléanne

Guénaël Revel
Mai 1999

ÉPILOGUE

« Aucune d'entre elles n'est identique et banale »

Nous sommes en 2010, j'ai eu deux autres filles depuis la venue au monde d' Orléanne, deux autres grossesses que j'ai vécues différemment; comme ma femme.

Quoique...

En y regardant bien et en relisant ces pages, il me semble que beaucoup de situations se sont répétées. Nous les avons simplement vécues en étant plus sereins, sans appréhender les semaines qui se suivent jusqu'à l'accouchement.

La première grossesse permet l'instantané et la curiosité, celles qui suivent permettent la prévention et la comparaison. Aucune d'entre elles n'est identique et banale.

Toutefois, je constate, dix ans plus tard, que la grossesse provoque des comportements établis et récurrents, chez la femme comme chez l'homme.

C'est là l'essentiel
et le plus amusant.

Nous avons vieilli,
nous sommes devenus parents;

une situation qui ne s'apprend pas,
un état inévitable lorsqu'on décide de vivre

une année de neuf mois.